2025 인사동시인협회 제19호

국민과 함께하는 시인들

회장 **차학순** 엮음

편집위원

고응남 유숙희 모상철 박길동 박은선
백영호 성기환 우영숙 우영식 이　효 (가나다순)

2024 인사동시인협회 송년회 · 문학상 시상식

단체사진

2024년도 문학상 시상식

제4회 인사동시인상 백영호 시인과 상패

차학순 회장 상패 수여

인사동시인상 번역부문 김인영 번역가와 상패

임원진

부회장님들

2024 인사동시인들

2025년도 1월 해맞이 산행

단체사진

부회장, 총장, 회원들

성곽 둘레길

차학순 회장과

하산길

해맞이 산행-남산둘레길

새해를 위한 건배

제19호 3

2025 양화진 외국인 선교사 묘역 참배

양화진 외국인 선교사 묘역 참배
국민과 함께하는 인사동시인협회!!
-한국에서 헌신한 외국인들께 감사드립니다-

일시 : 2025년 2월 17일(월) · 주관 · 주최 : 인사동시인협회 · 후원 : 한국신문예문학회 · 아태문인협회 · 도서출판책나라

현수막

양화진의 역사 안내

영상 관람

영상 시청

베어드 선교사 평양 숭실학당 설립

아펜젤러 선교사

언더우드 선교사

여성교육의 선구자 메리 스크랜턴

선교사들

4 인사동시인들

외국인 선교사들의 업적

전국에 근대식 병원 세움

세브란스병원 설립

조선을 개화시킨 선교사들

한국인에게 독립운동을 심어준 선교사들

선교사들 모국의 집에서

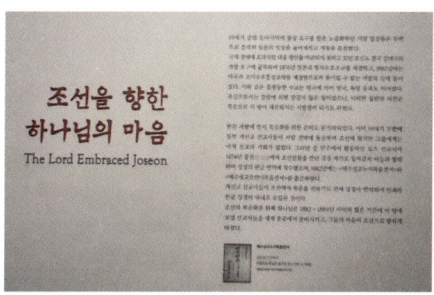
조선을 향한 하나님의 마음

성경이 한글 대중화에 공헌

하나님의 사랑을 심어줌

양화진 선교사 묘역 이모 저모

선교사들의 묘역

선교사들의 묘역

양화진 묘지 확정 전 모습

헐버트 묘역에 헌화하다

혹한에도 열심히 안내해 주는 직원

묘역 해설사의 설명에 경청

단체사진

뒤풀이와 평가회

해변시인학교 문학어울림 한마당

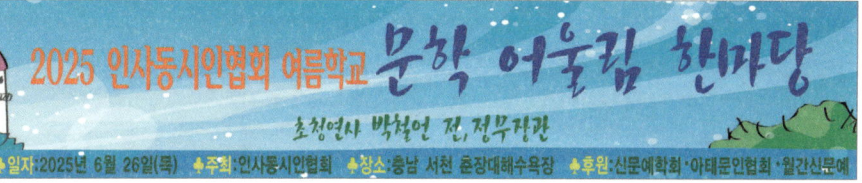
현수막

차학순 회장의 인사말씀

지은경 명예회장의 축사

도창회 교수 축사

박철언 시인 초청강연

박철언 강연 경청하다.

김예숙, 박치원 시인 시낭송

해변 여름학교 백일장

춘장대 막사 안에서

백일장 수상자 장원 사위환 시인

수상자 이명우 시인 차상

수상자 차하 이효 시인

백일장 글쓰는 시인들

수상자 차하 정해란 시인

해변에서 행복했던 순간들

대한애국문인회 최돈애 회장 취임패 전달

우리도 한컷

심사위원 이서연 박사

백일장 수상자들

원로들

사랑해요

단체사진 60여명 참석

해변에 남긴 이야기들

춘장대 입구에서

파도에 남긴 하루

푸른날의 앨범

그날의 우리들

황옥례 시인과

바다에서 놀다

해변에서 보낸 시간

행복한 시인들의 일기

푸른 시간의 조각들

썸머 스냅

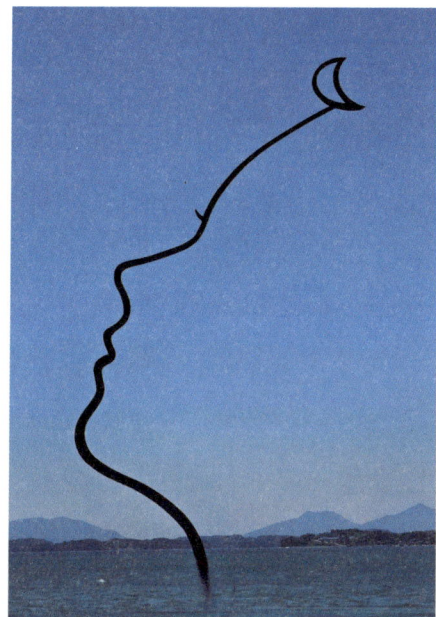

바다의 여인

낙조

해변 이모저모

단체사진

제18회 국민에게 시 보급운동

현수막

현장을 찾아온 시민들

단체사진

첫번째 시민을 맞는 곽광택 자문위원

관심 갖는 시민들

무료에 깜짝 놀라는 시민

시민들 시집 1권씩 받고 즐거워요

시민에게 설명하는 성기환 부회장

인사동에서 시민들을 만나다

스님도 기꺼이 받으십니다

최임순 시인의 활약

고응남 부회장의 활약

시민을 만나는 김석인 시인

기뻐하는 시민과 한컷

시민과 만나는 강창석 시인

시민들이 책 내용을 보다

이 좋은책이 무료?

인사동에서 시인을 만나다

사진은 좀 그래요

시민들─얼굴은 가릴래요

시민들과 함께─황옥례시인, 강창석 시인

인사동입구에서

포즈를 잡아주는 시민─황옥례시인과

시 보급에 수고하신 인사동시인들

시인들─시민들과 함께

외국인 첫손님에게─차학순 회장

외국인들을 만나는 시인들

영어 설명도 유창

이 멋진 시집이 영어로도 번역 됐어요

경청하는 외국인

프리차지에 놀라는 외국인들

외국인에-어프러치하는 정창희 시인

주어서 기쁘고 받아서 기쁘고

서현주 시사인터뷰 본부장

너무 멋져요

한국의 몽마르뜨 인사동을 찾아온 외국인들

굿 럭

진지하게 살펴봅시다

유아 웰컴

어디서 오셨어요

최중환 부장의 활약

벌써 다 팔렸어요(서현주 시사 인터뷰 본부장도 참석)

인사동 관리위원회앞

공부하러온 외국인입니다

상가 사장님들도 만나다

인사동 상가도 찾아갔어요

임보선 시인의 활약

역시, 여성의류점의 사장님

화공점에도

전시장을 찾은 시인들

감동하는 상가 사장님

수도약국은 단골손님

'인사동시인들'도 진열해 주세요

인사동에서 만난 특별한 분들

액세서리 사장님의 환한 얼굴

귀촌 찻집에서 이근배 시인도 만났어요

이근배 시인을 만난 이효 시인

시민도 예쁜 시인과 한컷

전통찻집에서-임보선 시인

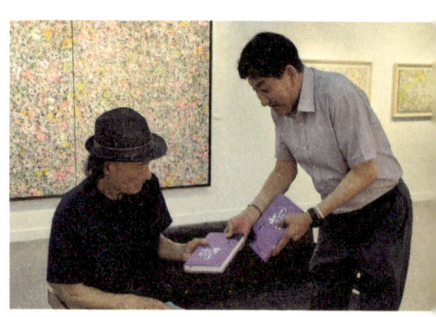
전시 중인 화가도 만났어요

김영순 국장의 봉사

고맙고 수고하셨습니다

시집 보급을 끝내고 평가회

다과점에도 환영합니다

이인애총장 —상가 활약

시 보급을 끝내고

차학순 회장의 건배제의

지은경 총괄회장의 총평

곽광택 자문위원의 평

정창희 시인의 발언

임보선 시인의 평

행사를 마치고 평가회와 뒤풀이

황옥례 시인의 의견

김석인 시인의 시정 요망사항

최임순 시인의 하소연

성기환 부회장의 애로사항

안종만 시인의 발언

이효 시인의 소감

임보선 시인-총장에게 수고 답례

이인애 총장의 소감

차례

30 강에리 화가와 노가리 외 1편
32 강영덕 비 외 1편
34 강창석 저수지 외 1편
36 고응남 수월봉 외 1편
38 곽광택 사랑의 그림자 외 1편
40 곽종철 꽃씨도 몰라 외 1편
42 구재기 네잎 클로버 외 1편
44 권갑하 달항아리 외 1편
46 권천학 안개 외 1편
48 권혁모 가을 아침과 나팔꽃 외 1편
50 금동건 아프니까 삶이더라 외 1편
52 김경순 매생이 뭍에 오르다 외 1편
54 김관식 로드킬 외 1편
56 김관형 웃음꽃 피는 인생 외 1편
58 김규선 고향산천 외 1편
60 김도연 그 사랑 외 1편
62 김명자 그리움 외 1편
64 김문석 한잔 술에 묻는다 외 1편
66 김민정 마추픽추를 찾아 외 1편
68 김민채 백도화나무 아래 白桃花樹下 외 1편
70 김백경 민들레 외 1편
72 김병화 참삶 외 1편
74 김석인 이매창과 견우 직녀 외 1편
76 김선영 빛 아래 기억 속 사과 외 1편
78 김선일 하얀 반달 외 1편
80 김순규 가을 수첩 외 1편
82 김양화 저녁 바다 외 1편
84 김영수 들꽃 외 1편
86 김영순 자리 외 1편
88 김영엽 너는 풀이었다 외 1편
90 김영은 타나토노트 외 1편
92 김영진 온 세상이 외 1편
94 김유조 가을 꽃 외 1편
96 김은수 우화 외 1편
98 김정형 가을아 외 1편
100 김종상 수박 먹기 외 1편

| 차례 |

102 김춘자 여름밤의 하모니 외 1편
104 김행숙 바람 외 1편
106 김현숙 기억의 강 외 1편
108 김효태 추억의 날개 외 1편
110 노신배 만유萬有의 길 외 1편
112 모상철 밤에 피는 꽃 외 1편
114 박길동 마음 외 1편
116 박두익 깊은 정情을 주지 말자 외 1편
118 박병기 송악산은 알고 있다 외 1편
120 박숙자 춘장대 해변캠프 외 1편
122 박순 바람의 사원 외 1편
124 박영곤 가시나무 눈물 외 1편
126 박영애 시 읽는 남자 외 1편
128 박용구 자작나무 외 1편
130 박용유 석양 외 1편
132 박은선 첫 고백 외 1편
134 박진우 꽃이 된 이름 외 1편
136 박진호 어둠을 만날 때 외 1편
138 박철언 단톡방 난기류 외 1편
140 배성록 나이테 외 1편
142 백영호 향나무는 외 1편
144 변희자 분꽃 피는 저녁 외 1편
146 사위환 마음을 엮는 숨결 외 1편
148 서정원 소나기 생각 외 1편
150 선유미 여수 낭도에서 외 1편
152 성기환 가을 단 한 번의 선 외 1편
154 송낙현 숲 외 1편
156 시우미 가을은 오고 외 1편
158 신갑식 소망, 한 줌 외 1편
160 신경희 언약 외 1편
162 신순동 을왕리 해변에서 외 1편
164 신영옥 꽃 잔치 외 1편
166 신윤주 물도 그 주인을 만나니 얼굴이 붉어지더라 외 1편
168 안광석 시詩야 외 1편
170 안윤자 달맞이꽃 외 1편
172 안재찬 느낌 외 1편
174 안종만 늦가을 외 1편

176 안혜초 늦기 전에 외 1편
178 양순복 백목련 외 1편
180 양창식 연수저 외 1편
182 엄창섭 바람 외 1편
184 여 운 생명인 그대 외 1편
186 오세영 문 밖에서 외 1편
188 우영숙 종이 자서전 외 1편
190 우영식 회상 외 1편
192 원용우 사육신 외 1편
194 유숙희 소쩍새 우는 밤 외 1편
196 유 형 가을 사람들 외 1편
198 유호근 가을밤 외 1편
200 윤석산 접 목 외 1편
202 이광희 무한 임대 외 1편
204 이근배 골동가 산책 외 1편
206 이기정 손톱 발톱 머리카락 외 1편
208 이명숙 한국 제라늄 송살구 외 1편
210 이서빈 지렁이 하혈하는 밤
212 이석곡 인생길 외 1편
214 이순옥 접점 없음 외 1편
216 이순자 멎어가는 심장 외 1편
218 이영경 알았어 외 1편
220 이영하 새털구름의 조화 외 1편
222 이오동 계단의 철칙 외 1편
224 이유연 가을 향기 영혼 외 1편
226 이인애 연탄재 추억을 소환하다 외 1편
228 이정식 춘풍 외 1편
230 이제우 귀뚜라미 외 1편
232 이주식 숨바꼭질 외 1편
234 이주현 인생도 바람이다 외 1편
236 이창식 은행나무 그늘에서 외 1편
238 이철우 날씨 외 1편
240 이한재 나와 그림자 외 1편
242 이한희 꽃 보다 잎새 외 1편
244 이현경 등 외 1편
246 이혜숙 나는 행복한 사람 외 1편
248 이 효 가을, 곶감을 말리다 외 1편

| 차례 |

250 임애월 그런 날 외 1편
252 임하초 삶이란 외 1편
254 장건섭 9월의 달
256 장지연 머릿속의 언어 외 1편
258 장태윤 비둘기 외 1편
260 장해익 바람 부는 언덕에서 외 1편
262 전민 가려준다 외 1편
264 전산우 하늘도 우나 봐요 외 1편
266 전시우 도시락밥을 뜨끈뜨끈 알불에 데워 외 1편
268 전영모 개들의 반란 외 1편
270 전홍구 다시 별을 읽다 외 1편
272 전희종 맥문동 꽃의 보랏빛 연서 외 1편
274 정교현 숲속 여름산행 외 1편
276 정근옥 바라나시 연꽃, 그 푸른 바람 외 1편
278 정덕현 말글 한마디 외 1편
280 정영례 솟대 외 1편
282 정용규 설날 서설瑞雪 내린다 외 1편
284 정정남 성수대교 외 1편
286 정찬우 수렁밭의 양심 외 1편
288 정창희 꿈속에서 여행을 하다 외 1편
290 정해란 바람의 시 외 1편
292 조순배 8월의 연가
294 지영자 단풍 외 1편
296 차학순 어머니의 四月 외 1편
298 채자경 파종 외 1편
300 천도화 부실 공사 외 1편
302 최영희 시네마 천국
304 최임순 광복 80년 천지의 불꽃 외 1편
306 최중환 그리움이 다가와 외 1편
308 최 춘 길 외 1편
310 최혜영 Dear. 꼬냑 외 1편
312 하봉도 화평 외 1편
314 한임동 사랑의 힘 외 1편
316 허진숙 마지막 흘린눈물 외 1편
318 황선기 사랑학 개론
320 황옥례 치매 걸린 컴퓨터 외 1편

2025 인사동시인협회 제19호

Anthology of Insadong Poets in Korea

편집위원

고응남 유숙희 모상철 박길동 박은선
백영호 성기환 우영숙 우영식 이　효 (가나다순)

발간사

거울의 방

차 학 순
(본회 회장 · 평론가)

　수많은 주변 창문들을 통해 햇볕을 끌어모아 온통 방안의 어두움을 몰아내고, 휘황찬란한 샹들리에를 통해 호화스러운 공간으로 탈바꿈시킨 베르사유 궁전의 [거울의 방]! 혹자들은 스스로 태양왕이라 불렀던 루이 14세의 자기 과시를 위한 절대적 정황으로 치부하고 있기도 합니다만 직접 지하철을 이용해 파리 시내를 가로질러 베르사유 궁전을 찾아 살펴보다 보면 그것이 단순히 자기 과시를 위해서만 만들어졌다고만 말할 수 없음을 발견하게 됩니다.

　물론 [거울의 방]을 살펴보았던 이들은 저마다 서로 다른 관점에서 평가를 내리겠지만 세월이 흐르고, 시대가 바뀌면서 많은 이들은 이 방이야 말로 당대 최고의 걸작품이고, 아름다움의 극치이며, 인류가 바라보고, 공감할 수 있는 또 하나의 최고 경지를 나타내고 있다고 입을 모으고 있습니다. 그래서인지 이후 유럽 궁전 문화에 지대한 공헌을 했다고 찬사를 보내는 이들도 오늘날 적지가 않습니다. 그곳에는 과학이 있고, 예술적인 투혼이 있으며, 삶의 애환을 가르쳐 주는 뿌리 깊은 교훈이 있기 때문입니다. 하여 오늘날에도 당시와 같은 면모를 유지시키고 있는가 봅니다.

인간들은 모두 자신만의 [거울의 방]을 지니고 살아가는 존재들입니다. 문학을 하는 이들, 예술을 추구하는 모든 이들에게도 마찬가지입니다. 우리 [인사동 시인들], 모든 분들에게도 [거울의 방]이 있습니다. 그리고 지금까지 자신의 전 생애를 통해 아름다움의 극치를 나타내기 위해 모든 것을 바쳤다고 정의할 수 있습니다. 이번 [인사동 시인들 19집]에 올린 귀한 글들은 하나 같이 우리 내면의 [거울의 방]을 장식하는 최고의 아름다움이라고 자부하고 싶습니다.

귀한 글을 보내주신 인사동 시인들, 그리고 책을 만들기 위해 심혈을 기울여주신 모든 관계자 여러분, 그리고 이 책을 읽으시면서 함께 공감하시고, 행복해 하실 모든 분들에게 2025년 가을, 멋진 일들만 하나 가득하실 수 있기를 기원합니다.

2025년 9월
회장 차 학 순

축사

시가 피어나는 거리,
인사동시인들의 노래

지은경
(본회 명예회장 · 문학박사)

인사동시인 여러분, 그리고 대한민국 국민 여러분, 안녕하십니까.

오늘 우리는 시를 사랑하는 마음으로 함께 모여, 시집 〈인사동시인들〉 제19집의 출간을 기쁘게 맞이합니다. 2004년 10월 창립 이후 어느덧 스물한 해의 시간을 걸어온 인사동시인들의 발자취는 그 자체로 하나의 역사가 되었습니다. 역사는 기록에서 비롯되고, 기록은 의미를 품습니다. 지난 세월, 세상살이가 늘 그렇듯 순탄치만은 않았습니다. 그러나 우리는 굴하지 않고, 코로나가 세상을 멈추게 한 시간에도 인사동의 거리에서 국민과 마주하며 시의 숨결을 이어왔습니다. 이제 인사동을 찾는 이들에게 "인사동 시인"은 더 이상 낯선 이름이 아닐 것입니다.

우리가 시를 쓰고 읽는 일은 곧 영혼을 닦는 일입니다. 차갑게 식어가는 현대 문명 속에서 시는 인간의 심장을 다시 뛰게 하고, 잊힌 감각을 되살리는 따뜻한 햇살이 됩니다. 경제가 발전할수록 도시가 더욱 냉혹해지고, 미래를 예측하기 어려운 시대일수록 문학의 힘은 더욱 소중합니다. 인사동시인들은 개인적인 창작을 넘어, 사회와 나누고 공동체를 밝혀가는 일에 앞장서고자 합니다. 우리의 작은 발걸음이 사회의 빛과 소금이 되길 소망합니다.

인사동은 한국의 몽마르트르라 불립니다. 전통과 예술이 어우러진 이 거리에서, 시인들의 맑은 영혼으로 빚어진 시들은 사람들의 마음을 어루만지며 세상을 향기롭게 밝혀 왔습니다. 시는 단순한 언어가 아니라, 아름다운 영혼이 빚어낸 가장 맑은 울림입니다. 인사동시인들은 앞으로도 독자들을 찾아가 삶을 노래하며, 공동체가 건강하게 숨 쉴 수 있는 사회를 꿈꿀 것입니다.

이번 제19집은 회원들이 마음을 모아 직접 힘을 보태어 탄생한 책입니다. 그 안에는 각자의 삶에서 길어 올린 진실과 향기가 담겨 있습니다. 이 시집이 독자 여러분의 마음에 맑은 바람이 되어, 일상의 골짜기를 채우는 빛으로 머물기를 기원합니다. 오늘 이 자리에 함께해 주신 모든 분들께 감사드리며, 앞으로도 인사동시인들의 여정을 따뜻한 눈으로 지켜봐 주시기를 부탁드립니다.

감사합니다.

2025년 9월
문학박사 지 은 경

강에리
소설가·시인, 제19회 황진이문학상 수상, 시집 『단 하나의 꿈』 SF소설 「루시 이야기」 외.

화가와 노가리*

박제된 눈으로
무엇을 연민하는지 모르겠지만
쟁반 위에 가지런히 누워
불에 올려질 순서를 기다리네

방안 가득 향불 같은 연기 차오르면
내 눈물을 탄 소주 한 잔 받고
이승에 미련 그만 내려놓으시게

불에 그을린 자네 업보를
쓰디쓴 간장에 찍어
내 슬픔과 함께 안고 가려하네

내일은 푸른 바다를 그리워하던
그대의 초상화를 화실에 걸겠소
박제된 내 꿈이 서러워 우는 날
그대의 영정에 술 한 잔 올리려네

* 25cm 내외의 작은 명태, 혹은 그것을 말린 것. 주로 말려서 안주로 먹음.

별을 좇아가는 소년

영하 이십 도의 추위
마음 가득한 공포
얼음 강 건너
별을 좇는 어린 영혼아

동토의 밤에도 얼지 않는 꿈
죽음의 여정*에도 시들지 않는 희망
역경 속에서
미소 잃지 않은 어린 천사야

천국에도 서리 내리고
풍요의 땅에서 허기짐을 알게 된 날
수많은 인파 속에서
홀로 길 잃은 소년아

운명이 너를 어디로 이끌던지
아름다운 꿈 놓지 않기를
그 땅에 악착같이 뿌리 내리고
만 개의 고운 꽃 피우기를

*국경을 넘는 모든 Exodus(탈출)는 거의 밤에 이루어진다. 최근 몇 년 동안 여러 이유로 지구촌의 여러 지역에서 엑소더스가 줄을 잇고 있다. 그 폐해는 고스란히 아이들의 생존을 위협하고 있다.

강영덕
1998년 월간〈문학 21〉등단, 〈한국시대사전〉에 수록, 강서문인협회문학상
본상 외, 시집『시간의 채널』외.

비 1

당신은
심장을 얼려버린 얼음이어도
이 세상을 못 떠나는
눈물입니다

소리 없이
생채기 앓는
드러누운 바람마저
파문을 일으키고

푸석거리는
나무 밑둥에
박혀 있는 묵은 징
한여름의 게릴라성 폭우조차
싹 뽑아 내지 못하고

마른 풀빛에 쓰러지는
무형의 가슴은 가뭄으로 갈라지며
조금씩 조금씩
한방울에 자지러지며
녹슬어가고 있습니다

내 직장에 노다지 있다

내 직장에 노다지 있다

화이트칼라, 샐러리맨, 일용직, 주부…
산에도 바다에도 들녘에도 사막에도

희망을 줍고
꿈을 그리며
사랑을 나누고

무엇인가 목표 찾으러
어떻게 키를 조절하며
왜! 허리 끊어지는 줄 모르게
몽글몽글 맺히는 땀방울 속 가족 얼굴

내 직장에는 노다지 있다

강창석
한국문학협회·강남포에트리문학회 이사, 한국문학협회 문학 대상, 공저 다수.

저수지

새벽 안개 고이 내려
물결위에 하얀 숨결 드리우고

버들가지 고개 숙여
윤슬 거울속에 자신을 감춘다

산새들 노랫소리 흘러 쌓인다
물결위 금빛을 담아 낸다

연일 내리는 너 때문에
내 배는 팽팽해지고

나에게 분이 넘치는 너
물길 만든 여수로 나의 배를 줄인다

가을 겨울의 눈물 담아 내고
봄이 익으면 농부들의 생명수되어

모내기철부터 추수때까지
여름 한철 유용하게 들녘을 유람한다
자연을 담아내는 큰 그릇

물 건너 마을

큰 마을 감수물에서 물 건너 마을은
전주천 물이 차오르면 수문을 잠근다
한물지면 허리까지 물이 차올라 길이 막힌다

사람도 말도 멈춰 서고
기다림만 강가에 고이 쌓인다
"오늘은 못가, 물이 넘쳐"
발만 동동 구르고
어른들이 무등 태워 등교길을 열어준다

그리움이 저편에 살아도
발을 뗄 수 없는 이 마음
젖은 바람만 문틈을 더듬는다

살림살이는 고달파도
물 건너 마을 사람들은
내 일처럼 정을 나누며
웃음꽃 피우며 살아간다

물 빠지면 다시 길이 열린다
풀잎 위 햇살처럼 조용히
사람이 걷고 웃음이 흐르고
또 하루가 시작된다

고응남
소설가·시인·수필가·화가, 백석대 교수 역임, 인사동시인협회 부회장, 한국 문예 수필대상.

수월봉

오름 전망대에 올라 두 팔 높이 드니
바쁜 시간 뒤로하고
움츠리던 마음들이 부풀어 오르네

에메랄드빛 드맑게 가없는 제주바다
부서지는 파도 멀리
물결 위에 반짝이는 윤슬

저 멀리 떠 있는
엄마와 아기고래처럼
차귀도와 와도의 대화가 정겨워라

하늘빛 물빛에 젖어
온갖 시름 잊을 적에
코끝을 스치는 감미로운 바람은
내 영혼 맑게 씻어주누나

제주 섬의 테두리

한라산은 조랑말처럼 뛰놀다가
제주 섬의 테두리에 갇혀 있다
의기양양하게 솟아 있지만 그의 한계는
제주 바다에 둘러싸여 그 틀 안에 갇혀 있다

불을 뿜는 기개 강한 에너지를 품고 있지만
숨을 고르고 있다
그는 여전히 제주의 울타리 내에서
숨을 쉬고 있다

태평양 한가운데로 돌멩이를 세차게 던졌다
무심한 마음에 물결이 출렁인다
희망의 동심원을 그리며 힘차게 뻗어 나간다

제주 섬의 테두리를 깨뜨리고 있다
바다가 출렁이며 바람이 불고 있다
강한 숨을 내뿜으며 크게 돌팔매질을 하고 있다
쭉쭉 뻗어 태평양으로 내닫고 있다

애드벌룬 타고 하늘을 훨훨 날아 태양에 가고 싶다
밤하늘의 별처럼 편안하게 있고 싶다
손가락으로 하나둘셋 시간을 세고 있다
제주 섬의 나이테를 자유스럽게 차곡차곡 늘이고 있다

곽광택
동작문협 고문, 한국노년인권협회 감사, 시집 『마음의 고향』 외.

사랑의 그림자

그리울 때 하늘을보면
내 마음 보기 좋다

마음을 비우고
사랑을 그리면
내 마음 외롭진다

님을 향한
사랑의 그림자
터질 것 같다

마음의 길

푸른 하늘에
손 한번 들어 보며
그대 이름 불러본다

그대는 알고 있나
만나면 웃고
즐기면 마음도 좋다

오늘도 조용히
지난 시간을 보내며
욕심 없는 꿈을 꾸어본다

곽종철
전쟁문학회 부회장, 서울시인협회 이사 및 한국문협 독서진흥위원, 한국전쟁
문학상 외, 시집 『모퉁이 집』 외.

꽃씨도 몰라

광풍이 불어닥치고
한파가 밀려온다
함성과 외침이 찬 공기를 가른다
꽃씨가 언제 싹이 틀지는
꽃씨도 몰라

자연의 섭리에 따라
태양은 변함없이 뜬다
온기가 식어 몸을 움츠리게 한다
꽃나무가 제대로 자랄지는
꽃씨도 몰라

시도 때도 없이
물을 먹인다
사랑도 없는 물고문에
언제 꽃망울을 맺을지는
꽃씨도 몰라

지구온난화도 심각한 지경
언제 꽃필지는
꽃씨도 몰라

접시꽃 필 때면

긴 세월 지나는데도
언제까지 그쪽만 바라볼래

잊고 지낸 세월이 얼만데
아련한 추억에 묻혀 살래

접시꽃이 필 때면
청실홍실 가슴에 달고
사랑놀이할 때를 그려본다
남들에게 들킬까 봐
바보처럼 웃는다

파란 시절에 머물다 보면
이루지 못한 사랑 사라질까
접시꽃에 담아둔다.

구재기

1978년 『현대시학』으로 등단. 한국문인협회 부이사장, 신석초문학상 외, 시집 『물소리를 찾다』 외.

네잎 클로버

무엇을 알아들을 수 있을까
누가 헛된 생각으로
마음을 살찌우려는 것일까
풀을 뽑아낸 자리 돌아서면
다시 풀이 돋아나기까지
죽어도 다시 태어나
허덕이는 목숨은
이 세상에서 건져낼 수 없는 것
다음 생을 기다려 건져낼 것인가
원래부터 지상에는
나 밖에 다른 것은 하나도 없다
햇살이 물속에 들어
물낯이 눈부시게 빛나듯
다시 돋아난 풀포기 사이에서
고개를 숙여 목숨을 구하고 나면
나의 이름은 오직 하나
천 번은 나고, 만 번의 발걸음에
오늘도 스쳐가는 죽음으로부터
행운行雲의 그림자를 만날 수 있을까

눈길을 걸으며

눈길은 가까워도
끝이 없다, 걸어야 할 길
눈길은 파도인 동시에
물이다, 굽이진 물이 아니라
곧은 물이다
지금 파도의 길을 걷고 있을까
아니면 물의 길을 걷고 있을까
파도의 길도 물의 길도
걸어야 할 길
파도의 길을 걸어왔다면
물의 길도 한 번 걸어야 할 길
뒤돌아볼 사이도 없이
눈길은 거기, 슬픔처럼
녹아서 물이 되는 길
눈길은 끝이 있는 먼 길에서조차
감당할 수 없는 파도에
줄기차게 출렁거렸다

권갑하
시조시인. 문화콘텐츠학 박사. 1992년 〈조선일보〉 신춘문예 등단. 중앙시조
대상 외, 시조집 『겨울 발해』 외, 강남문인협회장.

달항아리
- 무위

물에
붓을 씻듯
나를 풀어 버리고

흔들리는 생각마저
희게
태워버리고

둥글게
어수룩한 대로

텅 비어
헛헛한 대로

달항아리
― 부재

그대 남긴 빈자리
달 저문 그믐 같다

몇 해를 건너왔나
다신 뵐 수 없어도

어스름
달빛 차림으로
오실 듯한 어머니

권천학
국제PEN 한국본부·한국시인협회·한국시조문학협회 회원, 캐나다한국일보
와 토론토 저널의 고정 컬럼니스트, K문화사랑방 대표.

안개

덮어 두게나
속세에 뒹구는 아랫도리

흰 설음, 붉은 웃음도
조금은 감추고, 더러는 잊으며
그냥 그렇게
먼발치서 보게나

가까이
너무 가까이는 말고
조금만 당겨 서게

나무가 나무로, 바위가 바위로
그리하여 숲이 되듯이
나, 여기 한 떨기 꽃으로
그대, 저만큼 한 무리 그리움으로
그냥 그렇게
그러나
무심하지는 말게

당신은 어디 있소?
– 장승 1

당신은 어디 있소?
밝은 대낮에도 어둠뿐이고
어둠 중에서도 먹물로 떠도는 무리
예수님 이름으로 아멘
부처님 가르침 따라 나무아미타불 관세음보살
그것으로 세상 밝아질 리 없고
먹물이 풀리는 건 더더욱 아니어서
두 자 세 치 감발에 짚신 꿰어 차고
발길 닿는 대로 간다지만
물집 부풀어터지도록 가고 또 가는 것은
비우고 버리는 일 중한 줄 아는 탓
저녁마다 돌아와도 헛것뿐인 보따리
부풀어 터진 물집 다시 굳도록
떠나고 또 떠남은
행여 마음 닿는 곳 있을 까
빈 보따리 채울 그 무엇이라도 좋으니
보이지 않은 것이면 더욱 좋을 테니
지키는 일 소중한 줄 아는
당신은 지금 어디 있소?

권혁모
'84년 동아일보 신춘문예 당선, 월간문학상·중앙시조 대상 외, 시조집 『첫눈』 외.

가을 아침과 나팔꽃

이른 아침에 일어나 창밖을 바라본다
잎잎이 갈 길 나누어 보석을 매단 외줄기
천지간 고요의 햇살을 가장 먼저 받고 싶다

한동안 잊었다가 눈여겨 바라볼수록
추억을 더듬으며 말아 올리는 저 꽃잎
손전등 환히 켜 들고 나를 찾고 있다

하루를 열고 닫듯 그럴 수만 있다면
저 가운데 한 송이 방석을 깔고 앉아
내 안에 가둬 둔 말을 관악기로 불고 싶다

내 마음의 짱둥어

대부도 혹은 마량포구 머드 해안에 가면
오징어 게임 하듯 집게발로 뛰어다니는
그대여 나도 너처럼 허공을 자맥질한다

두 눈이 튀어나와 슬프다 해야 하나
지웠다 다시 그리는 해무海霧를 불러 놓고
물새들 고운 울음도 색칠하고 싶겠다

어릴 적 일기장엔 짱뚱어가 살고 있다
죽방렴에 갇혀 있는 비린 꿈의 비망록
섬 하나 전설로 앉아 유혹할 것 같다

금동건

시인·수필가, 한국문협 회원, 아태문협 회원, 금동문학회장, 저서 『아버지 중절모』 외.

아프니까 삶이더라

아프니까 삶이더라
아프지 않고는
어찌 인생을 논하겠는가

흐르는 세월 속에서
수없이 아팠었노라
그것이 나의 자랑이라

아프지 않고는
어찌 나만의 인생을 말하랴

긴긴 세상살이
참 잘 살아왔다고
누가 한마디 던져주면
아팠던 만큼
더 크게 웃을 수 있으리라

아파봐야 세상을 알고
인생을 알고
마침내, 큰 포용력도 생긴다지요

환경미화원 금동건

새벽 어스름 도시는 아직 꿈을 꾸지만
나는 한 발 먼저 현실을 껴안는다

음식물통을 들어 올릴 때마다
고약한 냄새가 몸에 배고
마음에 스며들어도
나는 흔들리지 않는다
누군가는 피하고, 누군가는 외면해도
나는 안다, 이 도시가
내 손끝에서 다시 맑아진다는 것을
냄새보다 깊은 건 책임
더러움 속에 숨은 건 존엄이다
나는 오늘도 세상의 뒷모습을 닦아
빛나는 얼굴로 만든다
이 길은 고단한 노동이 아니라
내가 선택한 삶, 내 이름처럼
금빛으로 빛나는 길이다

나는 환경미화원 금동건이다
세상을 조용히,
그러나 확실히 아름답게 만드는 사람이다

김경순
국제PEN·한국현대시협 이사, 아태문인협회 부회장, 미당서정주문학상 외,
시집 『한밤의 랩소디』 외.

매생이 뭍에 오르다

갈맷빛 삼단머리 곱게 빗은 이마 위로
먼 남녘 너울 파도 밀물 썰물 넘나들고
참살이 바람을 타고 다도해가 출렁인다

한소끔 뜨거움도 가슴 속에 품어 안고
빈자의 식탁 너머 드리우는 금빛 미소
태양은 부표로 떠서 하루를 끌고 간다

잿빛 도시 한편에도 진초록 꿈은 살아
굴, 소라 껍질에도 해조음은 울려오고
허기진 숟가락 하나 긴 항해를 예비한다

삶의 시그널 signal

밤새워 내린 서리 어제 추위 가늠하지
산다는 것 5일장의 저잣거리 잔칫날
큰 소리 한 옥타브로 가던 길손 멈춰 선다

사는 법도 가지가지 세상 냄새 물씬 나고
잰걸음 오던 길로 되감기 한다 해도
지난날 거스를 수 없는 외진인생 불문율

구시렁 넋두리를 콧노래로 엮어 놓고
궂은비 하늘가에 꼬리 달린 산들바람
이생의 끝자락에서 홀씨 하나 날 린 다

김관식
1976년 전남일보 신춘문예 문학평론 입상, 한국좋은동시 재능기부사업회 책임자, 시집 『가루의 힘』 외, 소설집·평론집·동시집 외.

로드킬

고라니 한 마리
차도 위에서
자동차에 치였다.
운전자는 그대로 뺑소니

경찰차도, 119 구급차도
출동하지 않았다.

그 뒤에 줄 지어
달리는 자동차들
멈추지도 않고
죽은 고라니
깔아뭉개고 지나갔다.

억울한 고라니 죽음
본체만체
억울해서
눈을 크게 뜨고 노려보다가
숨을 거두었다.

도꼬마리

강가나 천변 둑
도꼬마리 싹 텄다.

봄부터 가을까지
억세게 자라나
고슴도치 씨앗
가지 위에서 매달고
솟대가 되었다.

겨우내 씨앗들을
먼 곳까지 데려줄 길손
마냥 기다렸다

김관형
건대 행정대학원 졸업, 산업통상자원부·특허청 심사관, 명지대 교수, 장폴싸르트문학상 외, 저서『기술시 창작론』외.

웃음꽃 피는 인생

웃음꽃은 혼이 깜찍한 뿌리 요소를 갖춰야 한다
숨결 마음이 사슬을 옹찬 재능으로 움직여야하고
웃음꽃의 살가운 보람 익힌 색채가 있어야 하며
자신의 긴요한 자원 활용이 용이 하여야 한다

알음의 이상을 높여 우아한 일을 해서 예찬하면
마음의 낭만적 근원이 웃음으로 작용하고
어려운 일이 놀라운 일로 바뀌어 날빛으로 빛나
웃음꽃의 실체가 저절로 웃음으로 피어난다

자신이 야무지게 어둡고 약한 곳에 긴히 베풀면
울림의 색다른 무늬가 웃음을 움직여 꽃이 피며
열의를 다하여 새 세상 향기 이는 겸허한 몸 받혀
다부진 연기가 빛나면 우러름 짙어 웃음꽃 핀다

삶의 무게

삶의 옹찬 세상 햇문을 열면
정신문화 울림길 가는 게 신통하나
알음의 진한 재주 지능 높여야한다
숨 잇는 작물을 재배하거나
어업을 하며 살기도 한다
골진 고난 아린 삶 무게에 눌려
곤한 한숨 속에 어리바리도 하지만
옹찬 슬기 지능 높여 빛난 누리 일궈
날빛처럼 밝은 웃음꽃을 피운다

뭇 눈총 속에 헛된 욕심으로
삶의 무게를 고의로 마냥 살짝 줄이면
울림이 꺾여 꽃피는 삶이 비껴간다
황금주머니와 자리를 높인 들
알몸으로 왔다 빈 몸으로 가는 인생
괜히 허수아비 되면 빈껍데기 되는 걸
예리한 빛난 햇살 재치로 문명 일구어
황홀한 터전에 햇문화 그림 그리어
성취 열매로 삶 무게 내리고 가잔다

김규선
최치원문학관 시 창작반, 은점시문학회 회원, 의성군문화관광해설사, 상전 교회 담임목사.

고향산천

정든 사람은 가고
앞산 뒷산 소나무는
그대로 남아
나만 쳐다보는구나
고향마을 입구 느티나무는
그렇게 변함이 없건만
아버지 어머니 얼굴 닮은
내 모습은 백발이 되고
이젠 숨이 차는구나

집 옆에 산수유나무는
봄마다 노란 꽃으로 화장하고
담장으로 심은 탱주나무는
열매를 가득 달고
참새집이 되어 같이 놀고 있다
새색시 버선 같은 골담초는
노란 꽃으로 벌 나비 부르고
뒷밭 담장 의성 개나리는
노랑나비가 되고
가슴 아프도록 사랑해 고향산천

탁 구장

공손히 인사하고
탁구대 위에서
똑딱 똑딱 공을
주고받고 논다

발과 손을 움직이고
눈을 주고받고
정을 주고받고
사랑의 마음을 주고받고

온 몸의 뜨거운 피 돌고
땀방울 흘리며
건강을 주고받고
기쁨과 행복열매를
주워 간다

김도연
시인·화가·수필가, 한사랑문화예술협회 명예회장, 신문예문학상 외, 시집
『지지 않는 꽃』 외.

그 사랑

말없는 시간 속에
하늘보다 높아진 그리움 하나
보고픈 마음 산이 되어
그 모습 화폭에 담았어요
화장하지 않아도 이쁜 내 어머니

봄, 여름, 가을, 겨울
끊임없이 맴도는
고달픈 삶의 파도 힘겹지 않은
동그란 마음으로 웃게 합니다

가슴 아픈 상처도
기쁨의 순간에도
나를 위해 샘솟던 기도 소리
마르지 않는 어머니의 마음

기쁘게 웃을 수 있는 것도
마음의 길을 여는 것도
멈추지 않는 어머니 사랑 못 잊어
고립된 섬에서 숨을 고릅니다

5분의 삶

2분은
지나온 삶을 돌아보는데

2분은
잘못을 회개하는데

그리고 마지막 1분은
십자가를 바라보는데 쓰고 싶다

언제나 내게 5분밖에
없다는 생각으로
시간을 소중히 여기며 살자

김명자
시인·낭송가, 국제펜·한국문협 회원, 아태문협 부회장, 시집 『플랫폼에서』 외.

그리움

아련히 떠오르던
그림자 하나
수평선 위로 미끄러지듯 사라지고
엷은 파문이 눈가에 넘칩니다

긴 한숨 토해내면
개운할 듯하여
급한 숨 참았다 뱉어 보지만
뽀글뽀글 이는 물방울은 이내
연보라빛 안개꽃을 피워냅니다

맑은 별이 물속으로 뛰어들고
물고기 첨벙대며 함께 노닐던
내 고향 강가엔
오늘도
초롱초롱한 눈망울 서너 개
물 위에 떠돌고 있을 듯합니다.

그리운 고향

소쩍새 울음소리 귓등으로 흘려듣고
목숨처럼 사랑하는 나의님을 두고서
산 넘고 강 건너
정든 산천 뒤로하고
허식을 따라 떠나왔는데

해와 달이 뜨고 지고
봄, 여름, 가을, 겨울
수십 계절 바뀌어도
소쩍새 울음소리 가슴속에 생생한데
허식이 가져다 준 무한하단 공간은
시끄러운 잡음과 뽀얀 먼지뿐

버릴 듯이 떠나 온 고향이었건만
잊지도 못하고 버리지도 못하고
강가에 설 때마다 산에 오를 때마다
속병으로 되살아나
여린 가슴 시퍼렇게 멍이 듭니다.

김문석

전)국립 한국교통대학교 항공운항과 교수, 보국훈장 삼일장, 시집 『내 인생 땡큐』

한잔 술에 묻는다

오늘도
저물녘 조령산 그림자 따라
허름한 생각 안고
내 인생을 조용히 마셔본다

왜 그토록 열심히 살았는지
무엇을 이루었는지 모르지만
이 가슴은 이리도 시리고 허한지

첫 잔은
젊은 날의 욕심을 삼키고
둘째 잔엔 서툴렀던
그 사랑을 데워본다
세 번째 잔쯤 되니
불빛에 마주 앉은 그림자가
내게 말을 건넨다

"그래도 잘 살아왔잖아
쓰러지지 않고"

그 말에
울컥 목이 멘다
그리고 알았다
삶은 열심히가 아니라
멋있게라는 것을.

또 가을이

너무 더워
조금 비워둔 자리에
어느덧
가을이 스며듭니다

조금은 시든
꿈 몇 송이
침묵 속 홀로 물들어가는
생의 열매들

그러나
크게 거둘 것도 없는
내 인생의 가을을
나는 설렘으로
기다립니다.

김민정
문학박사·한국문협 부이사장, 대한민국예술문화대상 외, 1985년《시조문학》
백일장 장원, 시조집 『펄펄펄, 꽃잎』 외.

마추픽추를 찾아 (시조)

잃어버린 시간 위에 숨결처럼 놓인 돌아,
구름이 감싸 안는 안데스 산등성이
누구냐, 높은 여기에 해와 달을 올린 자는

빛줄기가 다녀가도 그대로인 침묵의 돌
계단을 오르내린 바람의 종아리를
햇살이 쓰다듬느라 계절은 오고갔다

이곳에 발을 딛고 가만히 귀를 열면
잊힌 것도 살아있는 역사가 들려오고
세상을 지탱하느라 어깨 시린 돌을 본다

허물어진 무엇없이 천 년을 견뎌가며
오늘을 살아내는 단단한 돌의 얼굴
새겨둔 이름 없이도 떠난 이는 남아있다

신의 눈빛, 스태인글라스
― 리오데자네이루 대성당

하늘을 열망하느라 고요해진 탑을 본다
십자가 창문으로 햇살이 들어와서
돌올한 무지개 세상 성서 위에 빛난다

유리에 타오르는 불꽃이 숨을 쉬며
손모아 기도하는 어깨를 감싸줄 때
시간도 곁에 앉아서 귀한 말씀 듣는다

소음으로 어지러운 마음을 풀어놓고
눈시울에 얼비치는 그 형상 우러르면
지나온 내 발자취는 왜 이리 가벼운지

높은 돔 네 줄기로 뻗어나간 유리의 빛
아이든 어른이든 각국의 언어들이
한자리 사랑과 용서, 신의 말로 번역 된다

안팎이 헐렁해진 우리 맘을 달래려고
얼룩이 된 지은 죄를 다 가려 주는 이곳
단단한 믿음의 무늬가 새살로 돋고 있다

김민채

1993년 대학백일장 시부문 장원, 한국문인협회 · 현대시협 회원, 국제계관
시인연합 한국본부 회원, 송파구청장 표창장.

백도화나무 아래 白桃花樹下

삼월이여
햇살은 얇게 퍼지고
바람은 한 점 말없이 나뭇가지를 스치나이다

그때 백도화 한 송이 조용히 피어오르나니
무엇을 기다림인지 의문치 아니하고
다만 그 빛으로 스스로를 드러내나이다

소녀는 숨소리 줄이어
그 나무 아래 머물며 서 있나니
시광時光은 멈춘 듯 흐르고
소리 없는 숨결만이 꽃잎 사이 스치나이다

그대 이름 불러야 할 날 아니나
이 정밀靜謐함만으로 족하오며
이곳은 아주 느리고 고요하게
하루를 열고 있나이다

아름다움에는 그 어떤 까닭도 없고
소녀 다만 그 옆에 서 있을 뿐이오이다

지극한 아름다움

지극한 아름다움의 화현畵玄
성스러운 필경사 심혈로 그려낸 여인의 선
깊고 고요한 새벽하늘 아래
성채 벽면으로 은은히 빛나는 고귀한 전설이라

돌담 사이 스미는 달빛 신성한 빛줄기 드리워
성스러운 언약 품은 운명의 고리
왕후와 귀족의 서약 세월을 관통 하느냐

가느다란 선 위에 깃든 숨결은
기도하는 손끝의 떨림 같아
장엄한 유리의 빛살과 더불어
시간을 넘어 영원의 노래 울리니

극미極微
그 여인의 선에 머문 신비는
천고千古 어둠 속에서도 사라지지 아니하고
일억 사천만 태고의 비밀과 어우러져
중세의 하늘 아래 영원히 빛나리라

김백경
국제펜한국본부 이사, 한국문협고흥지부 고문 외, 백두산문학 본상 외, 시집
『바다로 가자 내일은』 외.

민들레

비바람 몰아치는
한여름 꽃밭에서
담벼락 다독이며
치맛자락 펼친다

호롱불 밝히듯이
봉우리 벌어지면
텃밭의 자랑이듯
활짝 웃는 민들레

끈질긴 잡초라며
힘센 호미질에도
깡다구 밀어내듯
홀씨로 꽃 피운다

소나기

이놈아
이 녀석아
너는 어떻게 생겼기에

미친 女
널뛰듯이
먹구름 몰고 다니며

멍석 위에
마른 고추
쑥대밭 만들어 놓고

무엄 타
이 녀석아
고추 농사는 어떻게 하라고

심술도 유분수지
태양을 희롱하다니

짓궂은 너의 장난에
가을 농부 울고 있다

김병화
시인, 《신문예》 신인문학상, 여의도순복음교회장로, 시 「헤쎄드단풍」 외.

참삶

인생은 화무십일홍*이란
공허함이 묻어나는

젊음도 영화도 꽃과 같이
공허함이 묻어나는

모두가 헛되고 헛된 인생의
공허함이 묻어나는

하지만 인생을 조성하신
창조주를 바라볼 때
공허함이 참삶이 되리

* 한번 성한 것이 얼마못가서 반드시 쇠하여짐을 비유적으로 이르는 말

김장

아름답고 풍성하여
너의 기세 높던 모습

겸손하라고 소금
회초리 맞고

자중하라 짠물에 잠겨
숨죽은 모습

너의 겸손함에
양념훈장 받고

아름답고 맛나게 익어가는
낮아짐에

주인들에 사랑받는
존재가 되었구나

김석인
시인·스피치 지도사, (사)국제문화예술협회 최고 심의위원, 23회 천등문학상, 시집 『시가 뭔데』 외.

이매창과 견우 직녀

초생달 아래
견우와 직녀는 은하를 건너
까치와 까마귀가 놓아 준 다리 위에서
단 하루의 눈빛을 나눈다.

그러나 부안의 가련한 기녀, 이매창은
한양 서생 유희경을 향한 마음을
어느 다리도 놓을 수 없어
천 리의 밤마다 시로만 건넨다.

하늘의 별들은 연분이라 이름하여
해마다 만나게 하지만, 땅 위의 사람들은
신분과 벼슬, 제도의 벽으로 갈라놓는다.

견우와 직녀의 눈물은 은하가 되고
이매창의 눈물은 노래가 되어
오늘도 한 장의 시첩에 스며든다.

별빛과 시구는 묻는다.
만남의 거리는 하늘이 멀까,
사람 사이의 벽이 더 아득할까.

광복 80년, 푸른 내일로

80년 전,
어둠을 가른 함성이
이 땅에 새벽을 열었다

우린 눈물 위에 꿈을 세우고
상처 위에 길을 놓았다

이제 묻는다
앞으로의 백 년,
어떤 나라를 남길 것인가

자유가 숨 쉬고
평화가 자라며
서로의 빛이 더해지는 나라

광복은 끝이 아니라 시작
오늘, 우리는 다시
푸른 내일로 걸어간다

김선영
전북 김제출생, 동국대학교 국어국문학과 졸업, 제9회 전라북도 인물대상,
시집 『달팽이 일기』 외.

빛 아래 기억 속 사과

빛 속으로 나온다
그 빛은 퍼즐처럼 분절되어 있었다
그 조각 사이로
사과 하나가 부유한다

그 사과는 먹히지 않았고
던져지지도 않았다
그건 말해지지 않은 사과였다
이해받지 못한 감정의 상징

사과 속으로 귀를 댄다
심지에서
너의 목소리가 났다

"내가 사라졌던 이유는"
그 다음 문장은
사과가 붉게 터지며 사라졌다

남겨진 소리의 잔해를
손에 쥐고 돌아선다

내 귀 속, 내 입 안

돌아와
내 귀에 손을 댄다
그 안엔 여전히
미완성 문장이 울리고 있었다

입이 움직인다
말하려는 것이 아니라
소리를 복원하려는 몸짓
그건 내가 말하지 않았던 모든 말의
반사운

압축된 소리를 추적했으나
결국 그 소리는
내가 삼켜버린 말이었다

그래서 이 시는
귀로 쓰고
혀로 읽는다

소리는 돌아왔다
단지 의미 없는
진동이 아니라
기억의 구조를 다시 조립하는
하나의 시작으로

김선일
부산문학 등단, 부산문학협회시문학대상 외, 한국신문예문학회부회장,
강진문인협회수석부회장, 시집 『별아 바람아』

하얀 반달

밝은 빛 제쳐 두고
어스름에 잦아들어
그 기품 여물더니
찬 이슬로 채운다

파란 너울 이 물빛에
잰걸음 늦추고서
저 바람에 돛 띄운다

살피어 나들이길
모락모락 연기 피워
부끄러움 부추기니

짙어가는 어둠 덫에
누렇다 익어가는
노을까지 품어난다

이슬

연두초 별아기
풀잎에 입맞추고
표표히 종종이다
구슬되어 구른다

노을 금침
포근 영접하니
살폿 영롱
그 눈빛 화답한다

아롱아롱 천사 날개
깃털 없이 다가오니
사랑스레 소망 담은
내 가슴의 별이란다

김순규
2020년 《창조문예》 시로 등단, 창조문인협회 회장, 창조문예상 수상, 시집
『솔바람 피리소리』

가을 수첩

나무마다
등불을 켜고 있다
영혼의 불을 밝히고 있다
어느 빛이 이보다 더 밝을까
자신을 태워 밝히는 뜨거운 저 불
하늘은 더 높이 물러선다
찬바람도
작은 잎새 등燈을 데리고
어디론가 흘러가고 있다
가서 다다르지 못하면 누가 거둘까
저 등 꺼지면 누가 다시 지펴줄까
붉게 타는 강물 위로 노을이 지면
우리 가슴에 등 하나 살아날까
군불처럼 지피는 가슴
하늘 기운 다시 내려와
보일 듯 보이지 않는 숨소리 고동
가지마다 실핏줄 속에 잠겨
봄날의 꿈을 꾼다

갈대와 하늘

파란 하늘 가을은
갈대 끝으로 오는가

비바람 속에서
여름내 품었던 씨앗은
어느새 영글어 이야기가 되고
시냇가에 발 담근 뿌리는
파란 물감을 퍼 올린다

갈바람 속에 하늘거리는 붓
코발트색 물감을 하늘에 바르면
가을은 다시 하늘에 걸린다

김양화
소설가·수필가·교사, 평화신문신춘문예 소설 당선, 광주문협 '올해의 작품상' 수상 외, 수필집 「사랑엔 장애가 없다」 외.

저녁 바다

노을 진
수평선으로
구름 이불 한 자락
빨갛게 쫙
펼쳐지고

노을 진
바위섬으로
어스름 이불 한 자락
가뭇가뭇 쫙
에워싸고

새벽

- 내일 뭘 하고 놀지?
생각이
꼬리에 꼬리를 물고

실처럼 이어지던
밤이
동굴을 나왔다

그 끝에서 만난
막 베어문 복숭아빛 새벽동!
- 이제 신나는 놀이터야!

김영수
1984년 월간《아동문예》등단, 대전시문화상 외, 현)대전문예대학장, 동시집
『복숭아꽃 피는 날』외.

들꽃

외딴길에 작은 꽃들
바람하고 소곤대고
별을보며 반짝반짝
하늘대며 춤춘다

풀벌레의 노래 따라
아기별을 불러놓고
바람하고 옛이야기
달을 보곤 함박웃음

외딴길에 작은 꽃들
바람타고 파도 일면
풀벌레들 모여노는
포근포근 엄마품

박꽃 피면

지붕에 널어놓은
새하얀 모시옷들

숯불에 다림질해
외출할 아버지 옷

들녘엔 소를 몰고
아이들 뛰어오고

모시옷
다리미질에

내일은
장날이라고
어머님의 온 정성

저녁놀 곱게 피고
박꽃도 활짝 피면
박꽃 피는 어머니

김영순
월간《신문예》시·수필·소설 데뷔, 인사동시인협회 사무국장, 제11회 에스프리문학상 외, 시집 『아라뱃길의 바람』 외.

자리

일 년 농사 시작, 못자리 준비하는 농부 마음
직장생활 별자리 다툼으로 평생토록 지낸 세월 뒤로
봄꽃 나들이 좋은 풍경 돗자리 챙기기 바쁜 얼굴들

지하철 노약자 자리 앉으려는 노인들
젊은이들 자리 앞에서 얼쩡거리며
눈치 보고 살짝 앉아보는 임산부 자리

줄타기로 눈치코치 자리 줄 연줄 잡아
자리하나 챙기느라 눈코 뜰 새 없는 여의도
국민의 설 자리 생각은 뒷전이고

앞자리, 좋은 자리, 높은 자리
학연, 지연, 혈연으로 맺은 자리
드높은 권세의 자리도 일장춘몽

내 집의 편한 잠자리만도 못한 자리
평생 자리에 연연한 세월 뒤로하고
지금 이 자리가 꽃자리인걸, 이젠 알겠네

복숭아

삭풍 속 봄의 전령 스치듯 지나고
복사꽃 시샘하며
온천지 붉히던 폭풍우

연분홍 자태를 뽐내던
도화원 꽃그늘 아래 세 장수
두 주먹 불끈 도원결의 다졌다지

화사한 꽃 잔치도 잠시
다시 만난 볼그레한 새 각시
곱디고운 손길 농부의 정성 가득

비바람 거친 폭염조차 용서와 희망 품고
꿈결로 다가오는 오묘한 맛
달콤한 꿀맛 입 안 가득

단단한 듯 부드러운 속살
다정한 듯 아삭 이는 반가움에
한여름 무더위도 말없이 물러가네

김영엽
사회복지석사졸업, 신문예문학회 회원. 황진이문학상 수상.

너는 풀이었다

뿌리까지 뽑히려 한다
검은 구름 몰려 와 폭우 쏟아지더니
흙탕물은 거대한 바다가 되어 넘실거리며
어디론가 거세게 흘러간다

세찬 물살에 희망 없는 암흑 세상
풀들은 바닥에 모두 쓰러졌다
생명은 할퀴고 찍히며
쓰리고 아픈 삶의 무게가 짓누른다

땅속 깊고 어두운 곳에서
살려고 허우적거리면서도
뿌리만은 안 뽑히고
굳건히 지켜온 삶

폭풍우 그치고 따스한 햇살 받으며
풀이 서서히 일어난다
다시 일어나 예쁜 꽃을 피워보자
알알이 열매 맺힐 날이 머지않아 올 것이다

흰 고양이

숲속에 아담한 집
흰 고양이 세상인가 봐
어디선가 달려와 높은 담장도
훌쩍 뛰어넘는 반갑지 않은 손님

먹이 주는 이 없는 이 동산에
야옹이 데리고 무얼하러 드나드나
먹음직한 열매가 있는
에덴의 동산에 살고픈가 보다

살금살금 다니며 넘어지지 말라고
너는 내게 가르쳐 주었지
동화 속 산신령처럼 흰옷 입은 고양이

어쩌다 마주치면 바라보다 도망가고
멀리멀리 갔다 다시 찾아오지만
너와 나는 언제나 타인처럼 지낸다

김영은

1989년 〈월간문학〉 등단, 한국여성문학인회 이사, 윤동주문학상 외, 시집
『나는 밥을 낳았다』 외.

타나토노트*

마음이 몸으로 돌아오는 남루한 거동을 읽는다

동구 밖에서 기웃거리다 비척이며 누가 볼세라 슬금슬금 들어서는…

무작정 떠나던 어느 막막함의 한 때가 저녁연기 피어오르는 집이 그리웠다고 타박타박… 정자나무 지나 걸어오는 18문 깜장고무신, 몸 떠나 어디를 떠돌다 이제야 사립문 들어서는 마음을, 어디서 모진 매를 맞았는지 헝클어진 머리에 들꽃 한 송이 꽂고… 치명의 상처를 겨우 가린 히죽거리는 옷으로 마음 클클… 기댈 몸 찾아 돌아오고 있구나

참 춥겠다고… 그래 잘 왔다고… 마중이라도 나가 손잡아주어야 하는 것을, 어서 오라고
잘 왔다고 클클…

초라하게 돌아오는, 내칠 수도 없는… 마음

* 베르나르베르베르의 소설제목. 몸에서 빠져나간 영혼이 영계에 갔다 다시 몸으로 돌아오는 영계탐사자란 뜻

해킹 당하다
- 소낙비

평상에 벌렁 누워 하늘의 모니터를 읽는다
새털구름 몇 점으로 문장을 만들면
자귀나무 꽃술에
무작정 달려드는 까만 나비들의 부호
땡볕은 고요한 여름을 산문으로 풀어내고 있다
순간 지루함을 압축하는 산새 한 마리
소리 하나로 나른함의 가지를 쳐내고
명징하게 다듬어지는 문장
행간에서 침묵하는 하늘에
누군가 수상한 바이러스를 접속한 걸까
구름은 어느새 궁서체로 문체를 바꾸고
중심을 놓쳐버린 허공에서

허둥대며 뛰어내리는 굵은 사선이 문장을 지운다
바이러스에 감염된 천지가 먹통이 되고
클릭되지 않는 나무와 꽃들

문득, 가슴옷자락 헤집고 뛰어드는 한낮의 이 무례함

김영진
한국문인협회 회원 외, 2022년 한국미래문학 작품상 수상, 시집 『여섯시 반』 외, 산문집 『아름다운 엔딩』 외.

온 세상이

찻잔에
입술이 있다

그 입술에
입술 살짝 포개면
향기와 찻물이
입 안으로
가슴 안으로
훅 들어온다

흐음!
먼 산 바라보고
하늘 올려본다

온 세상이
동그랗게 들어온다

하늘 가는 길

백년이 되어가는 붉은 벽돌 건물
외벽 타고 곡예부리는 담쟁이
떨어질 듯 기우뚱 다시 기어오르고
오르는 듯 멈추어 그네를 탄다
사각 링 유리창 안, 한 모금 숨으로
부풀리었다 가라앉는 보푸라기 병실
묵은 침묵이 한숨 되어 잦아지고
무거운 눈꺼풀 열고 창살을 바라본다
생사가 갈리는 유리창 안과 밖
푸른 손길이 창백한 눈길로 이어지고
담쟁이 홀로 하늘길을 낸다
구원의 손가락이 뭉그러져 핏발이 서도
단단한 벽돌에 뿌리박아 길을 낸다
바람 지나는 수직 하늘 올려보며
가냘픈 몸에 수많은 이파리 달고
한 걸음씩 한 걸음씩
우직 발자국 찍으며 고난의 길 간다
기다란 등줄기에 뭇 생명 업고
외롭고 척박한 하늘길을 간다

김유조

국제PEN한국본부 부이사장, 건국대 명예교수 부총장 역임, 문학마을 문학상, 코리안드림문학회장, 소설집·수필집 외.

가을 꽃

모두 떠날 채비를 차리는 길섶에서
빙그레 웃으며 얼굴 내민 그대들
갈수록 심상치 않은 태양과 대양의 폭력에 지친
오곡과 과육의 낙심 속에서도
때 놓치지 않고 찾아온 전령들이여
가장 절실할 때에 맞춘
희망의 망루이자 봉화이고
온 여름의 폭거가 어둠이었어도
꺼지지 않은 등잔 불빛

이제 시간이 많지 않음을 상기하는 지혜
흩어진 벌과 나비와 바람을 불러 모아
충매와 풍매를 도모하는 삶의 지략
다가올 계절의 남은 폭거도 예비하는
목이 길어 유연한 지혜의 코스모스 그 여유
대궁이 든든한 국화와 구절초의 인종 자세
해맑게 오래 웃으며 시간과 공간을 엮는 다알리아
모두 한데 모여 세상에는 늦은 법이 없다고
먼 소실점의 길섶에서
풀벌레들과 함성이다

광복 80주년에

광복80주년이면 따라오는 후렴
부끄러운 분단 75주년이여

한때 우리 소망의 길라잡이였던 두 글자 통일
지금 북쪽에선 말문도 못 떼는 금어가 되었고
남쪽은 염북 혐북으로 대치가 되는 대상
75년간 잘린 허리 비무장 지대는
이제 가장 중무장되어
숨이 막히는 마비의 국토

동트기 직전이 가장 어둡다하고
출산 직전이 가장 아픈 순간이지
갈래는 합일의 필수 전제이거늘
자유의 빛나는 함성이 우리 가슴에서
뜨겁게 우러나 북녘을 울리면
문고리는 안에서 떼어지는 게
가장 확실한 열림
하나 되는 그날을 위해
다시 북을 두드린다

김은수
한국문협한국문화선양위원회 위원. 은점시문학회 회장. 제1회 황금찬추모문학상, 시집 『모래꽃의 꿈』 외.

우화

낮부터 적시는 빛살
환하게 쏟아지는 별똥

길을 내며 흘러 흘러
바다가 된다

준비된 씨앗 하나
고래 등 뚫고 솟구친다

잘 익은 가을 하늘
줄기마다 꽃 피워 별을 품는다

비와 나비

오래 기다린 봄비에
젖은 깃을 말리는 침묵

바람과 구름의 시샘
번개가 찢고 천둥에 멍들어
축 처진 날개

눈코귀입 항문으로
인욕을 뱉는 새벽

젖은 대지를 말리는 나비
웃음 터뜨리는 날개

김정형
한국문협 · 현대시협 회원 외, 한국문학특별창작상 외, 송파구청장 표창장, 공동시선집 다수.

가을아

진실한 가슴 하나 있었다
사랑 뜨겁던 여름날은 가고

가을 나무 잎새를 떨구어 가듯
가을바람 끝자락에 매달려
나부끼는 사랑아

인연의 끝자락에 매달린 잎새 하나가
연을 놓지 못하여
가지의 끝에 매달려 운다

마지막 잎새마저도 떨구어 내는
아픔에 우는 가을인가
사랑 뜨겁던 날에
한 잎 한 잎 쓰인 사연

가을아
어떤 쓸쓸한 가을날에 그리움이 오거든
오색 곱게 물든 잎새의 사연
어느 그리운 가을을 그리워하자

순환

푸른 시절
꿈을 키운 시절
청년 시절 야망의 시절
물 위를 걷고
하늘을 나는 기적을 꿈꾸었던가

그 야망의 강을 나온 노인은
인생이 짧다 하네
무상하다 한탄하네

어제에서 오늘로 왔고
오늘이 있어 내일로 가듯
우리네 일생 이와 같은 순환이리

오고 가는 순환사
영혼들이 이동한다

영혼들의 이동 소리
인간들의 소리로세

김종상
1960년 《서울신문》신춘문예 동시 당선, 한국문학상 외, 국제PEN 부이사장, 한국아동문학가협회장 역임.

수박 먹기(동시)

수박을 먹으면서
땅덩이를 생각한다

수박의 줄무늬는
땅의 푸른 산줄기다

수박의 속살은
땅속 붉은 용암이다

우리는 수박을 먹듯
땅덩이를 먹고 산다.

할머니의 나들이

내 눈 어디 있나?
여기 있어요. 안경!

내 귀는 어디 있나?
여기 있어요. 보청기!

이 이는 어디 있나?
여기 있어요. 틀니!

내 지팡이 어서 가자
예, 제 손 꼭 잡으세요.

김춘자
은점시문학회 회원, 한국신문예문학회 회원, 《내비게이션》 시동인 총무.

여름밤의 하모니

개굴개굴 객개굴 객개굴
개개굴 개구르르

시작을 알리는 신호 소리에
합창단들의 합창이 시작되었다
모내기논의 수영장이 개장되며
낮에는 수영장 밤에는 합창 연습

낮 동안 펼치는 수영 다이빙대회
지치지도 않은지 쉬엄없이
울려 퍼지는 노래 소리

땅위의 울림에
밤의 정령 달님 별님도
동참하자고 방긋 반짝

잠 못 드는 한밤의 하모니

무섬마을 외나무다리

돌아 돌아 물줄기 따라
만들어진 육지속의 섬
그곳을 이어주는 유일한 다리

갓 쓴 선비들도
탁주 한잔에 콧노래 흥얼
옷자락 앞섶에 묶고
두 손 벌리고 건너는 외나무다리

장터 갔던 아낙네들
머리 위 장바구니들이 흔들흔들
맑은 물위를 노니는
송사리 때들도 같이 놀자는
꼬리짓에 발걸음이 비틀비틀

그날의 사람 소리는
떠나고 없지만 변함없이
흐르는 맑은 물에 귀를 대어본다
그날이 그립다 한다

김행숙
한국문협문학관 건립위원, 한국현대시인협회 이사, 한국여성문학인회 이사,
시집 『신의 부스러기』 외.

바람

구름을 내건
전시장

나뭇잎을 연주하는
아코디언

꿈인 듯

출렁이는
구름의 표정

멀리

추억은
페달을 밟는다.

담쟁이

피어 있는
등대

푸른 바다

비어 있는 한쪽

길은
뻗어있다

구름처럼

여행은
생각을 부풀리고

김현숙

한올문학가협회 사무차장. 황금찬문학상 본상, 중앙대문인회 이사, 시집 『에로스』외.

기억의 강

장밋빛 추억은
저 강물에 흘려보내고
잊혀가는 기억은
어린아이가 되어
기억의 감옥에 갇힌 울 엄마

험한 세상 자식 걱정에
가슴에 묻어둔 고뇌
세월이 흘러 문득
머릿속 기억은
누가 갉아 먹었을까?

건망증이라 자책했을 시간은
소통 불능이 되고
가슴을 쓸어내린 가족들
후회가 밀려오는 순간을
이제는 되돌릴 수 없는 걸까?

다시는 피지 못할 꽃이런가?
시들어가는 해마를
놓치고 싶지 않네
미련이 남아서
미련이 남아서

들국화

그땐 몰랐었네
그 작은 꽃향기가
이렇게 심장을 타고 들지를

세월이 흐르면
알게 되는
이 소소한 감정을

이제야 알았다고 생각하니
회한이 밀려오네
새로움에 눈을 뜨네

꽃이 피면
향기를 전해주고
꽃이 지면 서러워라

빈 들판에
무서리 내리면
들국화 꽃잎은 마르고

얼어붙은 내 마음에
들국화 향기는 남아
먼 훗날을 다시 기약한다

김효태
(사)대한방송언론기자협회 세계대상, 시집 『삶의 언덕에 꽃등이 켜질 때』 외.

추억의 날개

아침햇살이 날개를 펼치면
전율로 강이 흐르는 외침은
천년의 기를 불어 넣는다

긴~ 그림자가 드러누운 곳
돌담길을 걸어가며
지나온 날의 그리움이 거울처럼
내 그림자도 잠시 멈춘다

초점이 점점 멀어져가던
지난날 아련한 추억도
부메랑으로 돌고 돌아서
다시 오는 인연의 굴레 속에
마음을 비우니 다시 채워지는
순례자일 뿐인 것을…

항상 꿈을 주는 우주 만상도
달과 별들 속삭임의 연못에서
사랑의 그네를 타듯
이승과 저승을 저울질하며
오고 가는 행운의 열쇠가
만감이 교차되는 축복이로구나

단풍 너를 보니

오뉴월 하늘을 찌를 듯 푸르던 기백도
세월의 풍파에 밀린 단풍을 바라보니
인생의 이팔청춘도 색동 단풍이 되어
세속에 야속하듯 가슴을 불태우며
영혼도 미련 없이 떠나가려고 하는가?

세파에 등이 떠밀려서
촛불을 켰던 단풍의 노을을 보니
우리의 인생도 뒤늦게
지옥과 천당을 오고 가듯 길목에서
세월의 변화무쌍한 시류에 허덕이듯
당신의 영혼을 불태워가며
그대의 곁에 머물고 싶지만
파란만장했던 그림자뿐이다

우리의 지나온 날도 단풍처럼
변화무쌍했던 지난 그 시절도
겨울의 삭풍이 울면 오는 손님들도
낙엽의 기러기 나그네로 떠나가니
인생도 말없이 사라지는 그림자뿐일세

노신배

(능인스님)한국문협 회원, 문예계간《시와수상문학》 운영이사. 시집 『능인의 허튼소리』 외.

만유萬有의 길

인연은
마음대로 할 수 있는 것이
제한적이듯

만나고 헤어지는 것은
마음대로 할 수 없는
예측 불가한 일이다

그러므로
만나고 헤어짐에도
진실한 마음이어야

새로운 만남에
꽃을 피울 수 있다.

댓돌의 생애

나고 듦에 자유롭고
편안한 자세

잦은 왕래에
만근 무게도
소리 없이 반긴다

숨소리마저 숨어들어
소슬바람 불어
낙엽 분주한 밤

별빛 수놓은 댓돌 위
하얀 고무신에는

세상의 근심 걱정
모두 내려놓았다.

모상철
문예춘추 수석부회장, 인사동시인협회 부회장, 시집 『3분의1언저리의 흥얼거림』

밤에 피는 꽃

늦잠을 깨운 햇살이 창을 두드리고
정겨운 새소리 스며드는 아침
창 너머 하루가 분주히 열린다

햇살 가득한 길목에
님의 그림자를 안고 서니
달빛조차 붉게 타올라
길 잃은 마음이 서성인다

하늘로 꽃이 된 그리움이
붉은 석양 속에 스며들어
능선을 넘어가
밤하늘에 다시 피어난다

우리는 너와 나

굳건히 지켜온 계례의 혼
숭고한 희생이 빚어낸 영토여
바람 따라 들썩이는 한반도

동병상련의 저미는 아픔
스치듯 남긴 생채기를 어루만지면
가슴속 울림이 여울진다

어수선한 날도 해는 뜨고
구름은 바람 따라오고 가건만
세월의 벽은 높아만 간다

박길동
시인·수필가·심리상담사, 한국문협·국제펜·신문예 회원, 인사동시협부회장,
제11회 에스프리문학상본상 외, 시집 『밤나무집 도령』 외.

마음

열매 한 알에
가을이 새겨져 있습니다
두 줄 혹은 세 줄
범람하는 강을 건너온
그것은 은행나무의 흔적입니다
하늘이 노랗게 보이는
숱한 날을 지나
이제는 아내가 꿈속까지
힘차게 합니다
평생을 해로한 마음이
물 흐르는 소리로 들립니다
마음을 심는데
한 그루의 생이 흘러갑니다

목련꽃 당신

향기에 취해 무심코 그린 꽃 한 송이
곱게 핀 하얀 목련화 방긋 웃으며
귓가에 속삭이는 말

사랑합니다

어쩌면 그렇게 곱게 피어나
내 곁에 다가와 있을까 꿈만 같아요

무심코 그린 꽃 한 송이
곱게 핀 하얀 목련화 당신의 얼굴

무심코 그린 꽃 한 송이
당신 곁의 내 얼굴

하얗게 핀 꽃 한 송이 간절히 보고 싶은
당신의 얼굴이었어요

* 가곡으로 출시

박두익
한맥문학가협회 이사, 사)사회정의실현시민연대 대표, 시집 『사실문학』

깊은 정情을 주지 말자

만난 사람은 반드시 헤어진다는
인생사 회자정리會者定離를
왜 깊이 깨닫지 못했던가?

영남대 경제학 겸임교수로 열강을 하고
심야고속으로 동서울터미널에 도착
허탈감에 수년간 혼술로 대화를 나누던 "아옹이포차" 부부

시민단체 사실련 월례행사로
여러해 안방처럼 드나들면서 정을 나눈
'일송정' 한정식 주인

집부근 꼼장어 전문식당에
우리 부부가 들어서면
"박교수님"이라고 고함을 지르며 환영하던 아줌마

이제는 재개발로 폐업으로 매각으로
연락도 없이 흔적도 없이
바람과 함께 사라졌네

평소에 깊은 정을 주면
헤어질 때 금단현상이 많아서
그만큼 상처가 클 것이다

세상에 이런 일이

시민단체 사실련 문화위원장이란 분이
단체 카톡에 게재한 피천득 시인의
'비와 인생'이란 글에

"비를 맞으며 걸어가는 사람에게
우산을 내밀 줄 알면
인생의 의미를 아는 사람이다."란 구절이 나온다

며칠 전 늦은 밤 강변역을 나오니
비는 엄청나게 쏟아지고 우산장수는 보이지 않고
절망적으로 길을 걷는데

어떤 낯모르는 아저씨가
"시인님 비가 많이 내리네요"라면서
내 손에 우산을 쥐어 주고 달아나다니 세상에 이런 일이

맹자의 성선설性善說이냐?
순자의 성악설性惡說이냐?
이 세상에는 선하게 태어난 사람이 많도다

박병기

시인·시낭송가·동화구연가, 서미예시낭송대회 대상, 인사동시협 사무차장, 황진이문학상 외.

송악산은 알고 있다

송악산* 오름은
자연의 숨결이 들리는 듯
짠 내와 거센 바람에 시달려도
모진 삶 속에 꽃들은 피어난다

햇살을 타고 내려오는 금빛의 향연
한 올 한 올 노을의 핏빛으로 피어난
민족의 비극 송악산은 기억한다

바람은 안다
바다가 우는 이유를

허공을 맴도는 목숨 같은 숨비소리
성난 파도는 매섭게 바다를 엎는다

그리움으로 밀려오는 파도
바다를 뒤흔들며 우는 송악산
침묵 속에 흐르고, 역사는 잠들지 못한다

* 서귀포 대정읍 상모리에 위치한 오름

아득한 꿈에서만

송아지를 팔고 돌아오던 눈길
길 위엔 숨죽인 울음이 흐르고
담쟁이넝쿨에 기댄 낡은 담벼락

슬레이트 지붕 아래
세숫대야에 더운 물 채워
굳은 발 씻는 노모의 슬픔도
나이테처럼 천천히 번져갔다
어머니 손에 이끌려
이사 가는 날 기차는
고향을 품은 채 멀어져만 갔다

옛 고향 다시 찾으니
어린 시절 그리운 길은 보이지 않고
낯설은 아파트가 빼곡히 들어 앉아
추억은 콘크리트 사이에 묻혀 있다

돌담 너머 나뭇잎들이 날아간 자리에
유년의 흔적이 벌겋게 남아 있다

박숙자
한국문인협회 이사, 동작문인협회 부회장, 황금찬문학상 대상 외, 시집 『봄 한바구니 사들고』

춘장대 해변캠프

연둣빛 바람과 맑은 햇살
바다가 달려와
우리를 축복하며 환영한다

다이아몬드처럼 빛난
윤슬에 부서지는 물살이
한 편의 시가 되어 설렘을 안겨준다

바닷가의 문학강의(박철언 시인)는
파도와 갈매기가 불러주는
노래와 어우러진 명품 강의였다

밀려왔다 밀려가는 파도에
모래사장의 발자국
사라진다 해도

인사동시인협회 해변캠프는
역사가 되고
세월 속에 바람처럼 흩날리리라.

포항 죽도시장

수많은 물고기들이 숨을 헐떡이고
작은 어항에서
미끄러지듯 꼬리를 흔들며
유영하고 있다

푸른 바다가 통채로 담겨 있는 어항
바다에서 살고픈 데 누가 여기에
놀래미, 방어, 우럭, 멍게 등 가두었는가

불안과 초조로
자유가 없는 세상에서
끝없이 눈물 흘리고 있다

삶이란 누구에게나
기쁨과 환희만 있는 게 아니라
슬픔도 있다

남은 생이 얼마 남지 않았기에
미련으로 애잔한 삶
더 소중히 간직해야할 이 시간
바다의 그리움 간직한 채 생을 마감한다.

박순

문학청춘 기획위원, 제5회 하유상문학상 수상 외, 시집 『페이드 인』 『바람의 사원』

바람의 사원

어디로 가고 있는지 나는 몰랐다
구부러진 길을 갈 때 몸은 휘어졌고
발자국이 짓밟고 지나간 자리에는
꽃과 풀과 새의 피가 흘렀다
바람이 옆구리를 휘젓고 가면
돌멩이 속 갈라지는 소리를 듣지 못했고
바람의 늑골 속에서 뒹구는 날이 많았다
바람이 옆구리에 박차를 가하고 채찍질을 하면
바람보다 더 빨리 달릴 수밖에 없었다
질주본능으로 스스로 박차를 가했던 시간들
옆구리의 통증은 잊은 지 오래
일어나지 못하고 버려졌던
검은 몸뚱이를 감싼 싸늘한 달빛
그날 이후
내 몸을 바람의 사원이라 불렀다

북향화가 다시 피어나는 2

백년 설렁탕에서 나와 우린 첫 만남 카페로 갔다 작은 수족관에는 열대어들이 쉬지 않고 남으로 북으로 천천히 헤엄을 친다 탁한 수족관에서 죽지 않고 버티는 중이다 시단에 대해 시의 죽음에 대해 시는 그래도 써야 한다는 것에 대해 말하는 것을 들으며 난 내숭을 떨며 입을 열지 않는다 이루지 못할 사랑도 사랑인 거라고 속으로 말한다 카페 옆에 꽃잎이 떨어져 있다 우린 꽃잎 한쪽을 손가락으로 찢어 입술에 대고 숨을 불어넣었다 후 후 후 뜨거운 입김으로 납작해진 꽃잎은 부풀어 오른다 후 후 후 터질지도 모른다고 걱정하면서도 계속 불었다 뜨거운, 입술로, 숨으로, 시는, 눈물꽃은, 다시 피어오르고 있다

박영곤
고려대학교 정치외교학과 졸업, 한국신문예문학회 회장, 강진문학 대상 외,
저서 『에움길의 이중주』 외.

가시나무 눈물

내 안에 가시가 너무 많아
너에게 쉼터를 주지 못해 미안해
내 안에 가시가 많은 줄도 모르고
너를 사랑한다며 와락 껴안았어

부드러운 살결 곳곳에
핏자국 선명한 상처를 준 것 미안해
살아오는 동안 내 안의 나를 모르고
그 많은 잘못을 훈장처럼 달고 살았어

미움 시기 질투 교만 허세로 뭉쳐진 가시들
선한 사마리아 사람들을
얼마나 피눈물 흘리게 했나
더 늦기 전에 내 속의 가시를 뽑아내야 해

온전히 너에게 다가가 사랑으로 안고 싶어

불타는 노을

잠시 잠깐 그건
흘러간 구름이었다
지나간 바람이었다

버거운 삶의 무게로
청춘의 허망함을
세월이 묶더니

어느새
백발의 훈장 달고
휘청이는 발걸음

달은
기울었다 차오르는데
노을은 붉고 진하기만 한데

박영애
행정학박사·철학박사·방송인·시인·아동문학가, 한국문인협회상벌위원장,
ERICA한양대인문학출강(특임교수).

시 읽는 남자

일요일, 전철을 탔다.
할 일은 쌓였고 쉬고도 싶었지만
지인의 아들 결혼식
운전 대신 전철의 여유를 택했다.

자리에 앉아
무심히 앞좌석 사람들을 바라보았다.
모두 고개 숙인 채
핸드폰 불빛에 잠겨 있는데

그 순간, 한 중년의 남성이
시집을 펼치고 있었다
신대륙을 발견한 듯 눈동자가 커졌다

낯설고도 아름다웠다

아~ 시 읽는 남자의 발견!
세상을 새롭게 하는 힘은
시를 읽는 단 한 사람의 눈빛에서
시작된다,

철이 든다는 것은

예전엔 눈만 뜨면
세상으로 나가야 한다 믿었다
그러나 어느 날부터
집이 나를 품는 쉼터가 되었다
사무실의 분주함보다
컴퓨터 앞 고요가 더 깊었다

허송세월이라 여겼던 일들이
삶을 되짚는 여백이 되고,
집 안은 내 마음의 거울이 되었다
나이 들어서일까?
대화보다 침묵에서
더 많은 이야기를 듣는다

쓸모없다 여겼던 작은 일들이
삶의 질서를 세우고, 뒤로 미루던 것들이
하나씩 제자리를 찾아간다
이제야 보인다.
철이 든다는 건 떠남이 아니라
머무름을 아는 일임을.

박용구
산림문학회원, 2025년 이육사시맥문학상, 수필집 『숲 짓는 마음』 외, 시집 『아껴둔 말』 외.

자작나무

12월에는
자작나무 숲이 있다는
영양 죽파리에 다녀오련다

오랜만에
주실 마을 비림도 둘러보고
자작나무 숲을 걸어보면서
바람에 들려오는 그 속삭임을 들어 보련다

하얀 수피가 신령스럽다는 나무
먼 북쪽에서 한민족을 따라왔다는
자작나무 속내가
백의민족 얼속에 얼마나 녹아있는지
찾아보려고 한다

차를 배우며

입춘부터 88일 지나면
곡우 이전에 찻잎을 따
만든 차가
향긋하고 깊은 그 맛 우전차

차나무를 기르는 일은
어머니가 어린 아이를 기르는 것
잡초도 없애고 퇴비도 주고
가지를 잘라 새싹이 많이 올라와
향기 좋은 차 잎 딸 수 있다

우리 인생도
살며 고생하며 경험해본 사람만이 느낄 수 있듯이
차도 기르고 만들어 마셔보아야만
그 참 맛을 가늠할 수 있다

차 맛을 알아간다는 것은
생의 씨앗을 뿌리는 일이다

박용유
장산스님, 시인·수필가, 신문예문학회 자문위원, 저서 『걷는 곳마다 마음 꽃이 피었네』 외.

석양

석양빛 길게 드리워
낙동강 물에 비치고
갈매기와 해오라기 졸고 있는데
어스름 밀려오누나

산사에 드리운 구름 자취
고요함만 더하는데
솔솔바람 맞으며 돌아오는 길
사색만 깊어진다

붉은 석양빛
하늘끝간데 없이 물들이고
낙엽이 바람에 흩날리는데
비까지 마구 뿌리는구나

길 가는 이 우두커니 서서
돌아갈 마음 없고
어둑한 저녁
옛 고향생각 젖어 있네

여름

뜨거운 여름

서늘한 바람 부는
고목나무 아래

매미의 시끄러운 합창소리
하루 종일 듣는다

오수 꿈속에서
선경에 노닐다가

먼 산 바라보니
하늘은 옥빛처럼 맑다

박은선
시인·시낭송가, 국제펜한국본부회원, 시집 『바다에 달을 만나기 전』 외.

첫 고백

문득 다가선 너
갈맷빛 휘감아 들고
성숙한 지혜와 희망의 파장
달빛마저 가슴 뛰게 달궈버린 잎새들
성큼 다가선 너
영롱한 발자국마다
새벽 찬 이슬로 맺혀
천태산 일출로 떠오르고
고백할까, 머뭇거리는 순간
냉큼 스러지는 무심한 너
앙가슴 샛노랗게 물들이고 시침 뚝
망설임 없이 불타올라 바스락대는 심정
세월의 기품만 더해놓고 날아가려하네
아, 안타까워라
말 한마디 꺼내기 전에
갈바람 순삭 휘몰아오는 계절
내 마음만 남기고

안녕
만추晩秋

토말土末

한 줌 흙이 되어도
바람은 어디론가 흐르리라
여기
토문재에 울리는 청아한 풍경소리
해송 너머 송호에 닿아 토해낸 시작
저문 햇살 아래 다시 고치는 시어
발자국처럼 남으리라
흙이 다해도 길은 끝나지 않고
파도는 먼 대지로 밀어 올린다
하루 두 번 섬과 마을이 이어져
길 열리는 대죽도
검정 뻘 위로 훨훨 나는 두루미
반사된 햇빛 속 백조가 되리라

나도
그러하길
토문재 처마 끝에 스며드는 바람처럼.

* 땅끝마을 토문재에 머물며

박진우
시인·수필가, 제10회 에스프리문학상, 서미예협회 고문, (사)서울시립큐코뮤지컬.

꽃이 된 이름

코스모스를 닮아 목이 긴 우리 누이
흔들리는 꽃의 노래를 담고
사슴처럼 가벼운 몸짓
큰 눈망울 속에 담긴 별빛
사람들은 '이쁜이'라 불렀다

그녀의 웃음에서 피어나는 꽃잎들이
마치 코스모스가 하늘에 닿을 듯
그렇게 하늘 거렸으니
'이쁜이'는 그냥 부르는 이름이 아니었다

코스모스 꽃잎 하나하나가
그녀의 긴 목을 감싸 안을 듯
세상 모든 아름다움이
그녀 안에 모여들지 않았을까

그녀의 웃음 없이 피어나는 코스모스
그 이름 이미 사라진
기억 속에 피어나는 코스모스
'이쁜이 꽃'이 하늘거린다.

봄, 뻥튀기

아지랑이 나른하게 기지개 피는 신작로
개나리는 샛노란 입술로 봄을 오물거린다

낡은 수레의 뻥튀기 아저씨
한 손엔 봄을 움켜쥐고
마치 대지를 깨우는 신의 손처럼 레버를 힘껏 당긴다

뻥~ 터지는 소리
어느새, 들판 가득 봄이 후드득 쏟아진다
터지고 퍼지고 번지는 달고 바삭한 희망 한 줌
아이들 웃음꽃이 산들바람을 탄다

그러나 인생은 늘 부풀어 오르는 것만은 아니었다
때론 터지지 못한 강냉이의 딱딱한 현실도
때론 터져도 금세 눅눅해지는 바삭했던 꿈도
모두 다 조용히 스러져가는

인생은 결국 한순간에 피고 지는 것일 뿐!

박진호
2011년《문파문학20호》시 등단, 동국문인, 국제펜한국본부 회원, 저서
『함께하는 시집』

어둠을 만날 때

잠 못 이루는 어둔 밤
사막을 건너야 하는 순간이 올 때

흔적은 볼 수 없다
휩쓸려 가는 어지러운 시간

별빛 따라 모래 언덕 넘는
갈증의 황량함

그럼에도
별빛을 품는 온정에 한 걸음씩 간다

고향

코스모스 핀 길가에서
따뜻한 햇살 받으며
산들바람에 떠오른
그리운 고향

언젠가 찾아가리라
뇌까리며 달래던
어두운 도시 생활 속
마음의 고향

은백의 머리칼로 찾은
유년시절의 학교터
긴 세월 속
작아져 다가오는 미끄럼틀

회한 속 희망은 추억으로
사진첩의 빛바랜 사진처럼
하나씩 돌아보아야 하는
하나의 매듭 같은 고향

박철언
시인·수필가·변호사, 법학박사 서울대법대졸, 윤동주문학상 외, 시집 『바람을안는다』 외.

단톡방 난기류

이른 새벽부터 늦은 밤까지
밀물로만 덮쳐오는 수십 개의 단톡방
쉴 새 없이 과포화로 헐떡인다

말의 포자가 뿌려지니
여기저기 자라나는 말, 말, 말들
액정 속에 몇 층씩 고여가는 말 무덤

혼이 깃든 문학작품, 응원 글도 있지만
과시하거나 반격하거나 상업광고나 가짜뉴스까지
매일 진화되는 이모티콘과 영상으로도
해일처럼 몰려와 고개 드는 방, 방, 방들
때론 힘이 되지만 때론 쓰레기가 되는

올라온 글 읽어볼 겨를 없이
윗글 속도전으로 밀어 올리는 무례한 글
공짜라서 그런 건가
시시각각 뛰어들어 수장되는 글들
그 속에 내 글도 수장 되려나

왜 사느냐고 물으면

왜 사느냐고 물으면
'보고 들을 수 있으니까'
'걸을 수 있으니까'
'봉사할 수 있으니까'
'글 써야 하니까'
살아야 할 이유는 넘친다

그중 가장 큰 까닭은
'아직 못다 한 사랑이 있으니까'
대답하련다

대나무숲에 서면
꽉 찬 바람 소리만으로도
마음 비워져 맑아지듯
사랑의 뜨락에 서면 서로를 향한
꽉 찬 비움으로 맑아지는 가슴

어떠한 말도 비울 때 비로소
간절한 사랑에 가 닿지 않을까

배성록
시인·문학평론가, 경희대 외래교수 역임, 동방대학원대학교 교수 역임, 퀀텀
뇌과학연구소 대표 역임

나이테

기다리기도 했었다
그러다가 포기도 했다
절망이 밀려오면
위를 올려다봤다
새싹이 돋을 때는
희망이 고개 내밀었고
흰눈이 내릴 때면
눈물이 돌아 눈을 감았다

기다려 온 세월은
그대를 만난 시간
그대 얘기를 세던 시간
달빛에 놀라서 흔들리던 댓잎도
호수를 가득 걸어가던 말 없는 안개도
내 심장의 나이테 층층이
모두 다 들어박힌 노래들

세월이 다시 돌아오지 않을 그때
나이테는 노래들을 들려주려나

사막으로 뜬 달

앞에는 길이 없어요
뒤에도 모래 언덕이
허공을 찢어가며
뒹굴면서 걷고 또 걷는다
불타는가 저 지평선아
하늘까지도 태울 것이냐
숨이 턱 막혀 넘어지다가
가슴 가득한 모래 쏟아내며
콧물을 닦다 눈을 떠보니
눈감은 달이 멀리서 흐느끼는 듯

어릴 적 업어주셨던
따스했던 아버지 그 커다란 등이

백영호
2005 한맥문학 시부분 신인상 등단, 마운틴 TV 시공간 공모전 당선, 명예의 전당 입당, 시집 『감물에 새긴 이름』 외.

향나무는

세상에서 가장 쉬운 건
힘들 때 포기하는 거
그리고
어려운 것은
힘든 걸 딛고 일어섬이다

세상에 딱 들어맞는 건
맞다,
볼트와 넛트와
열쇠와 자물쇠뿐임에

성난 말에는 성난 대꾸마라
다툼은 언제나
두 번째 말에서 시작된다 했고

향나무는
자기를 찍어낸
도끼 앞에서도 향기 뿜었다.

쇠똥구리

태어난 곳이 똥통이었다
삼시 세끼
먹는 것이 똥이고
그 똥통에서 잠을 잔다

제 몸보다 다섯 배 크게
똥덩어리 굴리어
사랑하는 님에 바치고
햇살 좋은 날
푸른 하늘 향해 날았다

또 다른
비상飛上을 위하여.

변희자
시인·수필가·작사가·화훼가, 아태문인협회 부회장, 황진이문학상 수상 외,
시집 『가을 귀두라미』

분꽃 피는 저녁

햇살의 뒷모습을 닮은 듯
연분홍, 노랑, 하양빛
귀걸이로 딸랑 꽃꽂이
꽃 달린 꽃씨 귀에 꽂으면
수줍음 피어나는 꽃 아씨

꽃잎을 톡, 암술 쏙 뽑아
붉은 입술 꼭 대어 불면
삐이하고 울린다
그 소리는 마음의 편지

분꽃이 내게 온다
저녁이 시작 되고
어머니의 시간
어머니 분내음의 그리움
삐이삐 소리로 돌아온다

오늘도 마당을 스치다
분꽃 앞에 잠시 멈추니
꽃잎 속 어머니 목소리
분꽃 향으로 맞이한다

장미 꽂꽂이

꽃을 꽂는다
사랑하지만 오늘도
가시에 찔려 눈물 맺히는
장미를 꽂는다

붉음이 한계를 넘어서면
검은 장미라
검은 장미 한 다발 위에
하얀 장미 순결한 빛으로
오리 길 십리 길
하나씩 꽂아두니

아메리카 뿐 아니라
온 세상 가득 번져가는
검은빛과 흰빛의 조화

세상이 사람들이
흑과 백의 조화에
마음을 빼앗기고
화합으로 이루는 바람
그 바람은 길을 만든다

사위환
현대시협회원, 월간신문예회원, 인사동시협회 지도위원, 인사동시인협회 제2회 백일장 장원상.

마음을 엮는 숨결

몸이 지쳐 마음밭 메마를 때
세상 속삭임 발길 묶어 놓죠
겉만 꾸밈 쫓지만
참된 샘물, 어디서 솟을까

모진 비바람에도 꺾이지 않는 새싹처럼
묵묵히 뿌리내린 견딤과 사랑 숨결은
땀방울이나 쓴 물약으론 살 수 없는 것
서로의 빈 곳 채우는 따스한 손길 속에

비로소 온전한 빛을 활짝 피웁니다
한 조각 빵 나누듯 마음 포개고
서로의 그림자 감싸 안을 때
우리 있음 깊은 울림으로 빛나네

그 속에서 끝없이 솟는 샘물 얻으니
참된 다스림, 그 따뜻한 이음 속에
마음 엮는 숨결 고요히 흐르니
삶은 비로소 온전한 노래 되네

내 욕심의 뿌리

처음 그대 싱그러운 초록빛이
내 눈을 사로잡았네 탐스런 가지마다
행복이 주렁주렁 열릴 줄 알았지
내 욕심의 가위가 가지를 쳤어도
영원히 푸를 거라 믿었으니

그러나 그대, 앙상한 가지 끝에
숨죽인 한숨만 쉬고 있었나
내가 꺾은 건 가지가 아니었음을
시든 잎 하나하나 이제야 보네
내 이기심이 그대 숨결을 앗아갔음을

메마른 뿌리, 차가운 흙 속에서
문득 나를 보네
푸른 잎을 강요하던 내 집착이
결국 나를 시들게 했음을
그대 시든 가지, 나의 마른 눈물이 되니

서정원
문예사조 등단, 한국문협회원, 문예사조 문학상, 강남글숲 15년 근속상, 시집 『시간을 훔치는 쪽문』 외.

소나기 생각

어깨 굽은 노파 고구마밭 가운데
엉덩이 의자에 월남모자 쓰고
호미질한다
저밭* 은빛양철지붕 밑에서
서방님과 푸르던 때
소나기 한줄 금 쏟아붓는 밤이면
빗줄기 따라
말없이 전해오던 뜨겁던 가슴
먼 길 떠난 님과 깨가 쏟아지던 자리
새 생명이 노래하고
스프링클러가 춤을 추고 있다
지금도 소나기 오는 밤이면
할머니는 새댁이 된다

* 강화군 양도면 도장리

떼뱀과 악동들

휴전되고 1954년 봄햇살 내려앉은 평택 울성리 야산 철없는 열두어 살 초등학교 육학년 여섯 악동 눈엔 굴속에서 꿈틀대던 떼뱀이 전쟁터의 그림자처럼 보였다 6,25 불길 속 어제까지 동무였던 얼굴이 주검으로 굳어지고 산등성이 마을에도 논두렁에도 주검은 바람처럼 스며들던 시절이었다 아이들은 살아남기위해 울분을 삼키며 자라났고 그 분노는 죄없는 생명에게로 쏟아졌다 생솔가지를 태워 피워낸 연기 속으로 뱀들이 쏟아져 나오자 버드나무 채찍이 전쟁의 총칼처럼 휘둘러졌다 죽은 뱀을 불에 구워 주린 배를 달래고 논길을 헤매다 머리 달아난 뱀은 물이 출렁거리는 논에다 던져버렸다 살아남은 뱀은 자루에 담아 땅꾼에게 팔아 엿장수 일용할 양식인 엿을 바꿔먹고 한순간 웃음 뒤엔 굶주린 기억 살아남아야 한다는 본능만 남았다 월요일 교무실에 불려가 논에 흩어진 뱀들의 몸짓에 놀란 허연 두루마기 노인들의 분노에 종아리 피가 나도록 매를 맞은 아이들 가슴을 더 깊게 때린 건 죽음이 일상이었던 기억이었다 개구쟁이들은 몰랐다 자신들이 내려친 나뭇가지 끝에서 쓰러진 뱀들의 몸을 통하여 제 몸에 상처난 영혼이 비쳐 있었음을 그 시절 아이들의 울분도 바람에 흩날리며 잊히는 듯 보였지만 세월이 흘러도 울분은 사라지지 않았다 죽음을 너무 일찍 배운 아이들 그들은 살아남아 어른이 되었지만 그 봄날, 칠십여 년 전 야산의 연기 속 전쟁의 망령은 끝내 떠나지 않았다

선유미
시인·수필가·화가, 한국문인협회회원, 인사동시인협회회원, 시집 『피카소의 우물』 외.

여수 낭도에서

여우섬이라 불리는
여수 낭도

예산 마을의 벽화 속에는
하늘이 내려와 노닐고
구름과 바람이 쉬어가는 마을

집집마다 나무 타는 냄새
밥 짓는 풍경이
한 폭의 수채화로 흐르고

여수의 꽃봉우리
낭도

해지는 노을 안에서
여수의 봄은 향기롭게 지고 있다

서귀포 숲길에서

삼나무, 편백나무
두 팔 벌려 인사하는
서귀포 숲길을 걷는다

바람이 불 때마다
나뭇잎이 흔들리는 소리

성기환
미디어대학원 석사학위, 인사동시인협회 부회장, 신문예문학회·아태문협 회원.

가을 단 한 번의 선물

인생여행 티켓 하나 들고
알 수 없는 여행길을 떠났네
인연이라고 만난 친구들*

기쁨도 아픔도 추억 속으로
너는 나의 오랜 친구

애정과 미움, 때론 믿음으로
내손을 잡아준 너는 나의 친구
노을빛 티켓 하나 들고 떠나고 있네

인연의 친구들 여행 끝에 서 있네
가을편지 한 장 남기고 떠났네
미움도 아픔도 하나의 추억인 것을
내 인생의 좋은 친구였어

너는 내 생애 단 한 번의 아름다운 선물
내 인생의 너는 멋진 친구였어

* 인생여행- 패러디

가면
— 뮤지컬

소리와 몸짓으로 그려내는 꿈의 빛깔
꽃이며 현실의 열매, 무대 위에 핀 상상의 날개
울고 웃는 시간 대사와 동작의 기·승·전·결
그 너머로 펼쳐지는 허상의 세계

차가운 표정 속에 따뜻한 마음이 숨겨 있고
삶에 얽힌 진실의 얼굴은 쉽게 알 수 없네
탈을 넘어서면 발상이 피어나 상상으로 번지고
진리가 있는 마스크는 단지 얼굴만 가릴 뿐

역사와 문화, 인물과 성격을 담고
가면은 익명의 보호자
진정한 자아를 숨기고 드러내는 가식 속에서
우린 서로를 모르고, 서로를 감추며 살아간다

인식의 얼을 심는 일, 마음을 가릴 수 없으니
거짓의 표정으로 진실을 감추지만
그 내면엔 즐거움과 메시지가 깃들어 있다
가식의 뒤안길에서 나를 마주할 그날이
욕심을 넘어, 진실을 알아가야 할 그 길에

송낙현

대구광역시 군위군 출생, 2011년 『예술세계』〈시〉로 등단, 제21회 영랑문학상 본상. 제20회 산문학상 외, 시집 『바람에 앉아』 외.

숲

삼복더위 뜨거운 뙤약볕에는
서로가 손을 잡아 그늘이 되고

엄동설한 추운 겨울에는
나목으로 팔 벌려
골고루 햇볕 들게
온정을 베푸니

엄마만큼 깊은 마음
바다만큼 넓은 마음

광복 80주년을 기리며

2025년 금년은 우리나라가, 36년간의 일제 식민지로
부터 벗어나 광복*을 맞은 지 80년째 되는 해이다

해방된 조국이, 남북 분단의 아픔을 안은 채
자유민주 대한민국을 건국*한 지 2년도 안 돼
발발한 6.25전쟁*의 폐허 위에 우렁찬 재건의
깃발을 세우고 밤낮없이 달려 온 장대한 발전의 세월,

오늘날 우리나라는 경제, 군사, 문화, 우주항공 등
모든 면에서 골고루 성장하여 세계 10위권 내 강국으로
진입, 선진국들과 어깨를 나란히 하고 있으니
이 얼마나 놀라운 일인가, 이 얼마나 기쁜 일인가

눈물과 피와 땀이 한데 어우러져 이 나라 구석구석
곳곳마다 번영하고 자유가 꽃피고 웃음이 넘치니

광복 80주년, 기적의 자유대한민국이여!

힘차게 더 힘차게
세계로, 우주로 뻗어 나가자

* 1945. 8. 15 일제 식민지 해방
* 1948. 8. 15 대한민국 건국
* 1950. 6. 25 전쟁 발발, 1953. 7. 27 정전

시우미
시인·수필가, 국제펜·한국문협운영 이사, 동백문학상 외, 시집 『삶의 무늬』
외 수필집.

가을은 오고

나 홀로
슬퍼 연민할 때도
가을은 오고
우리 모두
억울함으로
물들어간다

단풍도
홀로 붉지 않듯이
어떤 슬픔도
온전히
내 몫으로
주어진 것은 없으려니

찬바람이 능선 따라
가슴을 쓸면
마침내
모든 나뭇잎이
온산에 붉게 운다

가을은 오고
애국자 괴롭히는
그 까닭으로
모든 나무가 함께 울며
우리 모두 슬픔으로
물들어간다

너, 왜?

찜통 더위는
계속되는데
여름은 다 가는데
휴가 떠나지 못하고

너, 왜?
늘 거기 서 있는가
광화문에 있는가

나라 지킴이
간절하게 불러서
오늘도
거기 서 있다

신갑식
시인·수필가, 인사동시인협회 회원, 시집 『길 위에 시간을 내려놓고』 외, 수필집 『쉼표찍기』 외.

소망, 한 줌

저 하늘 모퉁이
뭉게구름 별장 하나 있나니

희끗한 할배 삼류시인의
오래된 자그마한 별장이라지

흐르고 흘러
돌고 돌아
지친 몸 되시거든

언제라도 들르시어
쉬었다 가시길
바라옵나니.

찬바람 쎄하게 불면

남녘 하늘 밑 불볕더위
얼마나 더우신가
하늘도 달궈지고
땅도 달궈지고
풋고추에 찬 밥 물 말아
한 술 뜨는 우리네 여름 밥상
자네 집 뒤꼍 밤나무
알밤이 익어가거들랑
우리
김치전에 막걸리 한 사발하세나

찬바람 쎄하게 불면
그 때 얼굴 한 번 봄세.

신경희
시인·수필가·일본어강사, 충남대학교 국어국문학과 박사졸업, 국제pen한국
본부 이사, 시집 『그런 사람이면 좋겠다』 외.

언약

하늘이 열리니
무지개가 구름 사이에 있더라

하늘의 언약 가슴에 품으니
깊은 샘물이 가슴에 있더라

깊은 샘물은 은혜이로다
은혜가 세상을 이기었다.

노을의 뒷모습이 아름답다

하루 종일 호수에 몸을 담그고
나와 놀던 청자색 산 그림자
산으로 돌아가는 저녁

서산 너머 제 갈 길을 재촉하던
붉은 태양이, 산 위에 반쯤 걸터앉아
발길을 멈추었다.

어둠을 세상에 보낼 때마다
노을은 그렇게 제 몸을 태우고
하늘은 조용히 물들어 주었다.

바다가 말없이 노을을 식혀주며
흔들리는 파도가
자장가를 부르는 저녁

붉어진 얼굴을 산 등에 묻으며
스르륵 창을 닫는
노을의 뒷모습이 아름답다.

신순동
시인·서예가, 신사임당·이율곡 서예대전 초대작가, 신문예문학상 최우수상 외, 시집 『어처구니 여자』

을왕리 해변에서

바다는 봄바람이 났나 보다
겨우내 고독을 앓으며 움츠렸던 다바

보일 듯 말 듯 빗줄기에 몸을 적시며
바다는 각본을 쓴다

밀물에도 살아남은 금빛 모래사장 위에
추운 날 못다 한 그리움 초록으로 움튼
우산 속 연인은 둘이서 하나로 말없이 걸어가고
괭이갈매기는 물끄러미 젊음을 바라본다

봄바람 난 풋내기 시인은 마이크를 잡고
'옛 시인의 노래'를 소리치고
바다는 어깨를 들썩이고 어스름을 부른다

사람보다 생각이 깊은

눈망울은 호수 마음은 바다
힘들 때마다 너에게 다가서면
괜찮아 괜찮아 하면서
초고속으로 꼬리를 흔들었지
아이들이 시시때때로 괴롭혀도
장난치는 줄 알고
도망가다가 다시 오곤 했지
네가 병상에 누웠을 때
나보다 오래 살아야 해 하면
한없이 눈물만 흘리던
스무 해를 한 지붕 아래서 눈물과 웃음
함께 섞던
진돗개 술술이
내 가슴 속에 잠겨 있던
사람보다 생각이 깊은 한 생애

신영옥
한국문협·한국신문예·국제펜·여성문학회원, 동작문학대상, 시집 『산 빛에 물들다』 영역 『스스로 깊어지는 강』 외.

꽃 잔치 (동시)

노란 파랑 분홍 하양
봄바람 타고
연둣빛 해님 따라
열려지는 봄 잔치

개나리 벚꽃 진달래 꽃길로
아장아장 나들이 엄마 손 잡고
우리아가 웃는 얼굴
해님처럼 환해요

새 학년이 되었다고
신나는 언니 오빠
가방 안에 새 책들이
책 읽는 소리

농부 아저씨들 바쁜 발걸음
능수버들아래서는 할아버지들이
'봄에 씨 뿌리지 않으면 가을걷이 없다.' 시며
웃음잔치 꽃 잔치로 씨를 뿌려 가시네요.

구름동화

꽃구름 동동
하늘 가득 띄워놓고
이곳저곳 그려보는 하늘나라
구름친구

산도 들도 나무도 코끼리도 그려놓고
목청 높여 불러보는 하늘나라
그림 친구
아가에게 보여줄까 하늘마음 넓은 마음

재미있게 놀다가 한눈파는 잠깐 사이
시커멓게 변해버린 하늘나라
구름나라

마음 풀고 놀아라, 소나기 한 줄금
깨끗해진 마음에 해님이 방긋
무지개 타고 놀아라
고운 다리 하늘선물

신윤주
숙대 교육학과 졸업, 서울 덕원중학교·가락고교 국어교사, 저서 『토종 우리 말 박사』(예림당).

물도 그 주인을 만나니 얼굴이 붉어지더라

그대 오기만을 기다렸을까?
내 얼굴이 붉어지는 건

차가운 몸으로 흘러가던 물줄기가
그대 발끝에 닿아
붉은 잉어로 뛰어오르네

깊은 산 속 옹달샘마저
그대 눈빛 닮아 붉어지니

이내 온 세상이 붉은빛으로 타오르네
물도 그 주인을 만나니 얼굴이 붉어지더라

나의 큰 별

나무 위에 걸린 별 하나
밤의 깊은 바다에 홀로 떠 있네

주위는 칠흑 같은 어둠이지만
당신은 그저 당신답게 빛나고 있었네

길을 잃고 헤매던 나의 눈에
작고도 큰 빛으로 다가와

돌아갈 곳을 잃은 나에게
어둠 속에서도 빛을 잃지 않는

그대 자신의 모습을 보여주었네

안광석
한국현대시인협회 부이사장, 신문예문학상 본상 외, 시집 「꽃구름 속 나빌레라」 외.

시詩야

詩야 솟아 오르거라
종족의 대를 이으려는
연어의 물오름처럼
세월을 역류해 오르거라

소신 없이 자유 분망한 세상
희망 놓치지 말고
아름다운 꽃을 피워
거스르며 힘껏 날개를 펼쳐라

부정하는 세상의 흐름
거스르는 힘찬 몸부림에
반짝이는 은린銀鱗으로
올곧게 솟아 오르거라

거짓과 양심 없는 세상
옹달샘으로 정화되는 詩야
밝은 세상을 향해
말씀의 봉우리에 자리 잡거라

활짝

사랑의 5월 햇살 사이
나뭇가지마다 하얀 미소
꾹 참았던 웃음꽃 피어나
온 세상에 흩날린다

수수꽃다리 가지에
아이의 맑은 웃음 방울방울 맺히고
조팝나무 가지마다
계집애들 웃음이 새처럼 날아간다

찔레꽃은 신부의 드레스 되어
수줍게 미소 짓고
하얀 솜사탕이 깨알같이 달려 있다

키 큰 아까시 나무는
배를 잡고 웃다가
허리가 휘도록 함박웃음 쏟아내고

화사한 5월은 꽃도 나무도
온몸으로 기쁨 터트리며
모두가 활짝 웃음소리 넘쳐 난다

안윤자
시인·수필가, 1991년 〈월간문학〉 신인상, 한국문인협회 복지위원, 올해의
수필인상(2025), 시집 『무명 시인에게』 외.

달맞이꽃

그리움 폭포처럼 쏟아져 흐를 때면
훨훨 한 마리 새가 되어 날아가고 싶었어
그대 있는 창가로

시절 따라
연모도 빛이 바랜다지만
내 심장은 나이를 먹지 않아

"눈에서 멀면 마음에서도 멀어진다"
그대가 그리 일렀는데

너와 나
만 리 시공에서
초아를 헤며
무상만을 읊은 세월

한송이 달맞이꽃으로 피어있고 싶었어
그대 머문 창가에

새벽에 쓰는 시

오늘은 인생에서 그중 젊은 날
한 줄 시를 적으리라

가쁜 숨 몰아쉬며
나른해진 몸을 누일
조금 이른 저녁의 안락을 위해

아이가 자라면 노인이 되고
그걸 인생이라고 말하지

나에게도 새파란 하늘이 있었단다
봄과 여름 지나고 서린 빛 드니
오매 낙엽 지겠네

안재찬
한국문협 편집위원, 조연현문학상 외. 시집 『바람난 계절』 외.

느낌

누가 봄바람을 보았다 하는가
빈 가슴 적시는

산속카페 창밖 찔레꽃 향기에
오월은 무르익고
사위어간 추억 한묶음, 목놓아 울던
뻐꾸기 떠나간 자리
산사나무 가지가 바르르 떨고 있네

시나브로 추락하는 푸르른 혈기
숨길 수 없네
길은 멀고 어긋나도 마음은 청춘

오늘은
웬일인지 시간을 구부리어
눈 감고 귀 막고 몸 말아
노을빛 타오르는 긴 저물녘, 찻잔을 마주하고

우연을 비껴간 필연의 만남
달아오르는 생기 느낌표 대로
이냥, 망각 너머로 무너져도 좋겠네

누가 빈 가슴 적시는
봄바람을 보았다 하는가

발기로 착륙작전

기억력이 용틀임한다
봄을 잃어 화석으로 굳어버린 낡은 심장에 생기를 돌게하는
오르가슴 전율로
죽은 가지에 연둣빛 움이 튼다

천상의 시침이 멎을 적에
불꽃놀이 신음神音소리로 바르르 몸을 떨며떨며 높이 모를 고지점령에
느낌표 찍고 관제탑에 착륙신호 보낸다

비상의 그물망에 갇힌 감금과 족쇄의 시간은 해제되고
삶과 죽음을 생각한다
모천으로 돌아가는 최후의 연어 떼, 그 목숨 던지는 몸짓을 학습하듯
동서남북 여권은 자유를 부르짖으며 다음 새 세상 설계도에 노을빛 번져
디딤돌 하나씩 놓는다

천상과 지상의 교합!
기운 넘치는 존재증명의 유희로 명토박는 비행의 오르가슴을 응시하는
상하이 저물녘이 환하다

복사꽃은 왜 저리 붉은 입술로 신명을 일으켜 대책도 없이
휴면 중 가슴에 불을 지르는가

안종만
시인·수필가·칼럼리스트, 아태문협 부이사장, 월간국보문학 작가대상 외, 저서 『인생은 도전과 응전이더라』 외.

늦가을

낙엽 진 나목 을씨년스럽고
고개 꺾인 억새 처량하다
감나무 꼭대기 까치밥이 정겹고
새털구름 갈바람이 몰고 다닌다

들녘의 코스모스 아직은 가을이래
산사의 인경소리 가을을 재촉한다
극성부리던 파리 모기 자취 감추고
낙엽 밟는 소리 갈수록 정겹다

서리 피는 날이 늘어나고
기온은 날로 온도를 낮춘다
거리에 긴팔 입는 사람 늘어나니
정겨운 가을은 가고 있나 보다.

어찌할까?

벌려놓은 숙제는 많고
갈 길은 남았는데
마음은 바쁘고
시간은 쏜살같이 지나간다

가고 싶은 곳
하고 싶은 일
보고픈 인연들 메모장에 늘어나는데
이것들 어찌할까?

시간아 좀 천천히 가자 붙잡으니
내 보폭으로 가고 있으니
보채지 말고 따라오란다

덜 영근 사랑 숙성해야하는데
종착역 도착시간 모르니 안절부절
주어진 시간 최선을 다하고 있다.

안혜초
전직 언론인, 1967년 《현대문학》 추천완료, 한국PEN문학상 외, 시집 『푸르름 한 줌』 외, 세계여기자 작가협회 한국지부 부회장 역임.

늦기 전에

잎은 잎대로
꽃은 꽃대로
열매는 열매대로
뿌리 또한 뿌리대로

나는 누구인가 진정
어떻게 살아야하는가

너도 나도
늦기 전에
깨어나야 합니다
깨어있어야 합니다
가슴 뜨거이 기도해야 합니다

너와 나의
보다 나은 내일
지구촌의 참 평화를 위해

고백

이제 나이 팔십이
넘었음에도 나는 아직
내가 바라는 어른이
되지 못하고 있습니다

내가 바라는 내가
내가 바라는 시인이
되지 못하고 있습니다

내가 내 스스로에게도
숨기고 싶은
비밀입니다.

양순복
한국신문예문학회 사무국장, 송파문협 재무국장, 송파구 한성백일장 심사위원, 시집 『B형 도시』 외.

백목련

눈 떠보세요
발갛게 상기된 문
살며시 밀치고 들어서는
저 눈부신 손사래

간밤 비 먹은 뜨락에
내 언니 반짇고리
색실 한 타래 엎어 놓았네요

각시 붓꽃 곁에 비비추
금낭화 곁에 민들레
한 자락 깔아 놓은 돋나물

저 언덕 아래 비워서 투명한 영혼
내 안에 당신이 간절했던
백치白痴의 영혼

그 옛날 고운 이의 넋이
환생하였나 보네요.

세량지의 별

별을 주우러
당신에게 가는 길
연둣빛 잎 사이로
벚꽃잎이 수줍게 웃는다

물안개 고운 호수 위
그대 숨결이 내려앉고
스치는 바람 한 줄기 파문을 그리면
산 그림자 품은 물빛은
헛된 세상 꿈을 잊게 한다

온 산 초록 물결 속에
호수는 하늘빛을 안고
보석 박힌 연꽃처럼
천상으로 오르네

아, 포근히 감싸는 바람이여
모든 시름 씻어낸다 하여도
내 마음 깊은 곳
그리움만은 더 짙어진다.

양창식
2009년 《정신과 표현》으로 등단, 탐라대학교 총장 역임, 시집 『제주도는 바람이 간이다』

연수저

채널을 돌리면
허공에 흩날리는 먼지처럼
익숙하면서도 낯선 연예인 가족들
종잡을 수 없이 우리 안으로 스며든다

화면은 무언의 눈이 되어
우리의 작은방을 들여다보고
그들의 밥상은 채널 끝마다
이동하는 별처럼 깜박인다

비늘같이 반짝이는 유목민들은
우리의 자유를 묶는 사슬인지
디지털의 강물을 거슬러
화면 위를 유영한다

도망치듯 채널을 돌려도
도져 오르는 두드러기
은근히 불편한 저녁 시간이다.

가을빛에 물든 당신의 중년

가을은 누구도 피해 갈 수 없는
외로움의 서식지,
당혹한 푸른 것들은 줄지어
서늘해진 강물로 저며 든다

푸르지 않다는 이유만으로
들길은 고즈넉해지고
가을빛으로 화답해야 할
유장한 은빛 시어詩語들

사랑도 인생도
빛이라는 걸 알게 될 즈음
세월만큼 바래는 둘레의 빛 결

머릿결을 간질이는 햇살 아래
가을빛에 고요히 물들어가는
당신의 중년,
참 아름답다고.

엄창섭
관동대학교 명예교수, 「신문예」고문, 사)k 정나눔 이사장, 평론집 『일상의 일탈과 차별성의 의미망』 외.

바람

피곤한 영혼이 허기져
상傷한 갈꽃처럼 쓰러져 누운
혼탁한 세기世紀의 늪에
푸른 월광은 쏟아지고.

깊은 밤, 불 꺼진 창 두드리며
눈물 묻은 상기된 두 볼에
감미롭게 입맞춤하며
긴 머리칼 휘날리는
형상形狀 모를 당신은 누구시나요?

동해, 그 아침에

살 속에 저며 오는 바람이어도
새벽 강물 흔들어 깨우는
조잘조잘 청아한 새들의 율조律調
새날의 태양 두둥실 눈부신데
아흐, 산빛 푸르고 아름다워라
아직 인적 끊겨 적막한 물빛 고운 강문의 해변
풀꽃 내음 그 유년의 꿈은
가슴 시리도록 항상 자리해 있다.

부딪는 세월의 격랑에 잊은 기억 흔적
말끔 씻기고 경이로운 사랑의 상흔도
방울방울 투명한 눈물에 젖는다.
충일한 그 생명감生命感을 위해
오늘도 가슴 앓는 동해東海는
날刀 푸른 파도로 저토록 살아나
잠든 영혼 하얗게 눈 뜨게 한다.

여운
시인·수필가·소설가, 《월간문학》 시 등단, 제7회아태문학상 본상 외, 시집
『천마도』 외.

생명인 그대

오늘 하루
살아있는 것이 기적이네

틈새가 없는
시멘트 바닥 사이에도
새순이 올라온다는 것을…

그대를 위해
자라면서 뜰 주위가
온통 푸른 바다 만들고
저물어 시들 때는
한줌의 빛거름 되리다

질곡의 늪에
죽음의 그늘이 있는 곳에
당신이 숨 쉬고 있으니…

오늘도 당신을 위해
한 그루 사과나무를
심겠습니다.

아직도 당신을

아직도 남은
의욕의 날개는
당신을 부르는
이 새벽
탄식의 노래에
몸부림인가

애끊는 사연들을
애써 부정하고 싶은
꿈의 부재인 것을

나를 감싸는
허공은
진한 사랑의 체취만 남아
멀리 있어
바라보아야 했으니

아직도 멀리 보내지 못할
이내 심정
가까이서 당신을

오세영
서울대학교 명예교수, 1968년 현대문학 등단, 한국시인협회 회장역임, 김삿갓문학상 외, 시집 『곡선은 직선보다 아름답다』 외.

문 밖에서

당신은
어디에 숨어 계십니까
당신이 계신 곳을 찾으려고
나는
꽃의 문 앞에서 서성거렸습니다
당신은 아름답기 때문입니다

—꽃의 문을 열자 향기가 있었습니다
향기의 문을 열자 바람이 있었습니다
바람의 문을 열자 하늘이 있었습니다
하늘의 문을 열자 빛이 있었습니다
빛의 문을 열자 무지개가 있었습니다
무지개의 문을 열자 비가 내렸습니다
비의 문을 열자 나무가 있었습니다
나무의 문을 열자 다시 꽃이 있었습니다

당신은 어디에 숨어 계십니까
나는 항상 당신의
문밖에 서 있습니다
모든 아름다운 것들은 언제나 문밖에
서 있습니다

초록별

해오라기, 뜸부기, 물떼새 모두 떠나고
강물조차 얼어붙은 겨울 어스름
빈들엔
갈대 홀로 어두운 하늘을 향해
낡은 하모니카를 분다
허수아비, 허수아비
마른 어깨너머 하나, 둘 돋아나는
초록별

우영숙
문학박사, 국제사이버대 특임교수, 인사동시인협회 부회장.

종이 자서전

책상 위에 종이 한 장
하늘만 보던 몸이 얇게 저며진 몸으로
푸르렀던 말문을 닫고 있다

푸른 잎을 흔들며
제 이름을 하늘에 쓰던 나무였다
해를 머금고 비를 뿌리며 바람에 취하고
사계절을 노래하던 몸
벗겨진 껍질처럼 책상에 귀를 대고 있다

바람도 들지 않는 방
종이의 모서리가 떨린다
한때 새소리 풀벌레 소리 물관의 숨소리일까

한 글자씩 꾹꾹 눌러쓴
사연으로 가득한 몸
몸은 변해도 기억은 저장되고 있다

자신의 일대기가 한 장에 요약된 마른 종이
책상과 한 몸처럼 붙어있다

나이테

모락산을 오르다가
잘린 나무의 얼굴은 보았다
잎과 가지를 잃고 하늘을 멍하니 보고 있다

등심원 같기도 하고
등고선 같기도 한 주름

나무는 왜 속으로 주름을 만들까
겹겹의 껍질 속 일렁이는 물결

무한대의 시간을 침묵으로 견딘 몸
가파르거나 넓은 곡선에서
살아온 날의 기록이 보인다

속을 들여다보지 않으면 알 수 없는 사연이 있듯
오르기를 멈춘 나무가
낮게 제 자리를 지키고 있다

우영식
인사동시협 부회장, 아태문협시분과위원장, 신문예문학회윤리위원, 영덕문협감사, 에스프리문학상 본상.

회상

백조의 나래짓 퍼덕이며
은하수를 건너가는
하늘은 에메랄드빛이다

뜨거운 열풍에 실려 가는
석류알의 향기가 싱그럽게
코끝에 스며들어도

미움으로 다스리지 못할
그 둘레를 범람하는
사랑의 몸짓을 가늠하며

허공에 가만히 던져보는
머루빛 선한 눈망을 그리며
그낙한 자리를 비워둔다

여백

아직
공간이 많이 남았는데
시간이 기다려 줄까?

정녕
미완의 작품으로
남겨질까 두렵다

이제
밑그림은
모두 그렸는데

어떤
색으로 옷을 입힐까
고심이 깊어진다.

원용우
시조시인·문학박사·한국교원대 명예교수, 1975년 《월간문학》 시조 등단,
시조집 『어머니의 길』 외, 원주 문막에 〈여강문학관〉 건립.

사육신

의로운 영양소만
골라서 먹은 청송靑松

천둥과 번개 칠 때
밑동마저 잘렸는데

남겨진 푸른 잎사귀
시들지 않고 웃는다.

학문 탐구

한평생 광맥 찾아
굴 속으로 찾아갔다

땀범벅 곡괭이질
결국 나我 싸우는데

한 움큼 금캐기 위한
광부 놀이 즐겁다.

유숙희
인사동시인협회 부회장, 한국신문예문학회 윤리위원, 10회 하이데거문학상 수상, 시집 『자유를 꿈꾸는 씨앗』

소쩍새 우는 밤

어둠이 산등성이에
내려앉은 밤
개굴개굴 우는 개구리들
고요 속에 우는 새들이여
저마다 애절하게 우는 밤

소쩍새 구슬피 울어
하늘의 구름도 어두운 표정
보름달 가리운 하늘을 보며
속세를 벗어난 자유, 잠시
가려진 보름달과도 같네

소쩍새 우는 소리에
산의 적막을 깨고
드러누운 산들이 들썩일 때
함께 밀려오는 고독함

담장에 흐드러지게 핀
넝쿨장미가 불빛 아래
빨갛게 웃고 있구나.

미루나무

참외가 익어가고
고추가 빨갛게
물들어갈 즈음
매미도 함께
우렁차게 울어댄다

사그락 사그락거리며
바람을 일으키는
미루나무 아래
새참 광주리 펼치면
온갖 벌레들 기웃거리고

고수레! 하며
음식 한 덩어리 던져주며
미물과 함께 먹는
새참맛이란, 최고의 맛!

미루나무 잎새 반짝이고
서늘한 매미 울음소리에
스르륵 낮잠을 자고 나면
황소 같은 힘이 솟는 여름날이여!

유형
아태문인협회명예이사장, 한국신문예문학회회원, 인사동시인협회회원, 시집 『 』 외.

가을 사람들

세월 두툼한 손등
오래된 살갗에 따스한 볕이 들어

따사로운 꽃이 피는
아름다운 사람들

가을햇살로 토닥거리는
고운 사람들

나누는 이야기에 따뜻이 데워지는
단풍든 사람들

늙은 성대

주름으로 소리를 낸다는 것
발성 연습은 지금부터라는 것

상피세포층 결합조직층 근육층의 구조물
곰삭아 잘 익었다는 것

압박과 긴장
갈라져 혼돈스러웠던
크게 고함을 지르고 기침이 심하던 때
예민한 알레르기 결절이 생기던 때
다 거쳤다는 것

늦은 휴식기
반색하며 찾아온 목소리의 변색
침묵하던 쉰 목소리의 아름다운 진동
헛기침이 아니라는 것

유호근
충남대학교 법학과 졸업, 한국문인협회 회원, 시와창작 최우수작가상, 저서
『나는 돌 너는 별』 외.

가을밤

얇아진 세월을 끼고
쿨럭쿨럭
잔기침하는 하루가
밤 열두 시 넘은 먼 길
달빛 따라 걷는 길이 헛헛하다

생각에 잠겨서 따라오는
불빛 하나
가을 밤길을 지키고 있나 보다
사람들이 버린 큰길 피해
골목길 돌고 돌아
불빛 속에 한 밤이 걸어오는 시간
바람도 잠방거리며 흘러간다

여름 다 지나도록
보이지도 않던 침묵의 소리들이
말쑥한 구월 바람에
은빛 머리칼 눈물 나게 빛나고
결코 부러지지 않는 고개 숙임
달빛 따라
수없이 일렁이는 억새의 하얀 노래

박꽃

하양 저고리 차려 입고
떨어진 바깥채 지붕에
살포시 자리 잡아
어둠이
여름밤을 식히는 사이
달빛을 주워 주워 담아
함초로히 베 짜는 여인아

오신다 하신 님
발자국 소리도
저 산을 넘어가고
기다림이 하 세월이라
아침이 오기 전에
서둘러 달빛을 보내는구나

밤새 뒤척이며 잠들지 못하고
베갯잇 적신 눈물방울
켜켜이 접어 두고는
어두워야
제대로 보이는 그리움을 기다린다

윤석산 尹石山
1972년 《시문학》으로 등단, 제주대학교 명예교수, 한국문학도서관 구축,
제15회 윤동주 문학상 수상.

접 목

봄날, 접목된 가지
파르스름하게 돋는 새순은
애초 그 진통을 생각케 하는
내 여인의
눈언저리
마알간 웃음꽃입니다.

엽맥마다 눈부신 비늘을 털고
화안한 공간을 열어가며
흔들리는 꽃잎의 리듬과
달랑거리는 말방울 소리와 청사靑紗 초롱
그렇게 아름다운 말씀의 행렬이 있지만

꽃잎 진 자리
터지는 합창
열매 맺히는…….

푸른 순수가
안개처럼 내리는 봄날
햇살 속 해살대며
새순 돋음을 보면
과피果皮 벗길 은빛 과도와
대목 도리던 아픈 웃음을 생각케 합니다.

다 리

눈부신 아침
장미 가지를 손질하다가
빨갛게 잘려나가는
겨울눈
아픈 자리에서
눈물 반짝이는
다리를 보았습니다.

푸른 물결 위로 떠오르는
햇살의 난간
꽃잎이 외줄기로 깔린
너무도 맑은 것이어서
너무도 여린 것이어서
티끌의 무게로도 무너져버릴
열두 하님도 빈손으로 건널
가벼운 죽음이나 건너는 다리지만

긴 머리채 휘날리며
몸 닿아 몸 닿아
홀로 건너는 이의 다리가

전정剪定된
자국
가윗날 사이로
보얗게 열립니다.

이광희

신문예문학회 부회장, 양천문학 자문위원, 담쟁이문학 자문위원, 시집 『무한 임대』 외.

무한 임대

20대는 월세로
또 다시 월세 계약하고
다른 빌라로 이사한다

인천시는 신혼부부에게 우대 혜택이 있다
월 3만원만 내고 사는
기한 임대아파트
 계약하고 입주하란다

길가 나무를 보니
월세 한 푼 안내고
둥지 튼 새들이 부럽다

보증금 없이
계약서도 없이
무한 임대다

나무는 야속하게
추운 겨울에
새를 길에 내몰지 않는다

나무는 추운 겨울을
알몸으로 살아 봤기에
새 둥지 틀라 내어준다

용문사 은행나무

천년의 역사가
깊은 뿌리에서
쿵쿵 울림이 울려온다

계곡 물소리가
어제도 산모퉁이 돌아
남한강으로 흐른다

남으로 흐르던 물
구름과 바람을 빚어
염주로 열리다

용문사 은행 열매는
천년의 가지마다
염주로 염원이 된다

이근배
대한민국예술원 원장, 신춘문예 5관왕, 정지용문학상 외, 시집 『노래여 노래여』 외.

골동가 산책

목 잘린 병에 갇혀 날지 못하는 한 마리 학
그 조선왕조의 울음 끼룩끼룩 울고 있다
그렇지 또한번 바스라져도 목청이야 살을 테지

나이가 들수록 새살 돋는 청화백자
어둠을 씻고 나면 말갛게 뜨는 하늘
역사는 금이 갈수록 값을 되려 더 받는다

억새

내가 사랑하는 것 죄다
아파하는 것 죄다
슬퍼하는 것 죄다
바람인 것 죄다

강물인 것 죄다
노을인 것 죄다
내가 버리지 못하는 것 죄다
죄다 죄다 죄다

너는 버리고 있구나

흰 머리 물들일 줄도 모르고
빈 하늘만 이고 서 있구나

돌아가는 길
내다보고 있구나

이기정
충남 서천출생, 아태문인협회 회장, 하이데거문학상, 우주문학상, 대통령령
표창(중소기업유공자).

손톱 발톱 머리카락

허리, 다리, 온몸 구석마다
빨간불에 막혀 아우성쳐도
남의 일처럼 흘려듣는
깎아도 깎아도 자라는 삼 형제

옛날엔 마지막 길에
쌈지 속 정성으로 담아
저승길 외롭지 말라며
망자의 가슴에 얹어주던 삼 형제

이제 그 풍습조차 사라져
먼 나라 이야기 되었으니
산과 강물에 흩날려
정녕, 혼자 떠나야 하는가

옥자 누나

충청도 산골 마을
푸르른 숨결이 스미던 곳
온정이 끊임없이 흘러넘치던 그 시절

나무 울타리 사이로
아침저녁 눈빛 나누며
웃음 건네주던 옥자 누나

첫울음 머물던 초가집 떠나던 날
낯선 길 가는 총각에게
고이 접은 손수건을 건네주던 누나

얼굴 붉히며 받아 쥐고도
끝내 한마디 못 했던 작별
속으로만 삼킨 말
누나 고마워요…
그리고 사랑해요

이명숙
《고흥문학》시로 등단, 아태문인협회 부회장, 고흥문학회원, 한국신문예문학회 회원.

한국 제라늄 송살구

붉은 빛은 건강을
분홍색은 사랑을
흰색은 다산을 상징하는 제라늄

저출산 시대에
강한 생명력으로 피어나고
벌레도 가까이 하지 않는 꽃

한국의 원산지로 자리잡은
제라늄 송살구
송미혜 작가의 손끝에서
작품으로 태어났다

은은한 향기로 다채로운 빛깔로
전 세계의 사랑받는 꽃으로
피어날 것을 기다린다

카메라 천국

전철에도 버스에도
급행열차에도
내 승용차 안에도
걷는 길 따라 곳곳에서

식당마다 건물마다
카메라 천국이다

서서도 앉아서도
먹으면서도 핸드폰
들고 있는, 핸드폰 속에도
내 위치 확인되고
핸드폰 천국이다

인권이 상실된다고 하더니
생명을 보호한다고 한다
이제는 있으나 마나
무관심이 된 카메라

이서빈
경북 영주 출생, 동아일보 신춘문예 시 부문 당선(2014), 한국문인협회 인성
교육개발위원, 시집「달의 이동 경로」외.

지렁이 하혈하는 밤

여보게
지렁이 흐느끼는 소리 들리지 않는가!

죽은 지렁이 혼 땅에 내려앉지 못하고
산허리 강발치 자욱한 안개로 떠돌고 있네

세상 불 켜지고 꺼지는 일, 모두 지렁이 환영幻影일세

징그러운 몸뚱이라 희롱하지 말게
죽은 영혼에 쌀 한 숟가락 넣어주듯
종種 영혼 한 톨 부활 위해
밖을 숨기고 흰배로 중력을 걷어내며
꿈ᄂ 틀ᄂ 꿈ᄂ 틀, 제 안의 온도 이식하는 것 좀 보게

누가 자신의 몸 저 지렁이인줄 알겠는가!

살충제 먹은 지렁이 하혈소리 지구를 적시고
속이 타 땅위로 올라오다 땡볕에 녹아
여기저기 시체 끌고 가는 불개미 운구 행렬 보이지 않는가!
마당 한 쪽 흙,흑흑 바싹 말라 푸석한 지렁이 눈물소리
그건 세상에 위험이 급물살로 달려오고 있다
위급 알리는 통곡일세

만물의 영장 인간 파릇파릇 숲
모든 생명체는 우리가 살아보지 못한 모퉁이 안쪽에서
지렁이가 종야終夜 토해낸 눈물 한 점일 뿐이란 걸
자네는 아는가!

이석곡
소설가 · 시인, 탐미문학상 외, 장편소설집 『아버지의 눈물』 외, 시집 『혼자 부르는 노래』 외.

인생길

높디 높은 산
기암절벽 오르니

가파른 내리막길
울퉁불퉁 자갈길

무성한 가시 넝쿨 친하니
평온한 길 나오네

산이 손을 흔들며 말하네
그게 인생길이라고

자연인

속절없는 세월
생존을 위해 발버둥 치던 순간들

내려놓으니 안정이 다가오고
물 맑고 공기 맑은 이곳

숲속 갈대는 춤추고
산새 들새 지저귀니

평화가 깃들고
행복이 찾아오네

이순옥
한국문협 회원, 신문예문학회이사, 현대문학사조 회원, 저서 『월영가』『개기일식』 외

접점 없음

내 안의 물이
너의 기름 위에 떨어졌다
순간, 무수한 우주가 갈라졌다
같은 그릇에 담겼으나
우리는 늘 다른 쪽으로 굴렀고
닿을 듯 겹치다 끝내 밀어냈다

너는 빛을 품었고
나는 그림자를 끌었다
어떤 밤은 하나가 된 줄 착각했지만
사랑은 응고되지 않았고
현실은 표면장력으로
우리를 되돌렸다

한 방울의 침묵이었다
기울 수 없는 기울임
서로에게 끝내 닿지 못한

행복의 마지막 문장

없었기에 갈망하지 않았다
없었기에 바라지 않았다
없었기에 주어진 것에 만족하며
그 레일을 걷기 위해서 노력했다

길목에 피었다는 이유로
끊임없이 짓밟히는 이름 모를 풀 한 포기
화들짝 젖은 몸을 털며
같은 시간의 흐름 속에서 함께 흘러가자 했다

아주 복잡한 시계의 내부 같은 삶
어디에 있는지 모르는 톱니바퀴가 슬그머니
아무 관련도 없어 보이는 시간을 조작해
마침내 그곳에 닿게 했다

이순자
순천대학교, 백일장 다수당선, 한국문협·인사동시협·순천문협·김승옥문학연구 회원, 시집 『홀씨 되어 나비 되어』 외.

멎어가는 심장

썰물이 삼켜간 자리,
허리 굽은 그림자들이
뻘밭 위에 마지막 하루를 심는다

도요새 날개 끝을 스친 바람조차
굶주린 하늘을 달래지 못하고
바다의 푸른 경계는 무너져간다

갯벌은 언제나
철새들의 고된 날개를 품어
생명의 길을 열어주던 성소였으나…

이젠, 인간들의 무지로
조개들의 이름은 사라지고
바다의 심장은 점점 멎어간다

하지만 저항하지 못한 갯벌은
상처 난 품으로 겨우
위기의 지구를 지켜내고 있다.

재회

파도에 지워진 길 위에
우리의 발자국이 다시 새겨진다

저 먼 바다 끝을 바라보며
그리움이 물결처럼 번져온다

손끝이 닿는 순간
세월도 발걸음을 멈추고

흩어진 날들의 파편이
고요히 제자리로 돌아온다

빛 번진 눈빛을 따라
시간은 다시 흐르고

머나먼 바람 끝에서도
우린 같은 길 위에 선다

이영경

동국대학교 문화예술대학원 석사졸업, 2023년 〈신문예〉등단, 인사동시인협회 이사, 시집 『눈꽃』 외.

알았어

당신의 눈물이 빗물인 줄 알았어
당신의 눈물이 사랑인 줄 알았어
소리 없이 우는 눈물 속에 숨어있는
그 슬픔이 살결을 소름 돋게 만드네

핸드폰 시대

손끝에서 미끄러지다
확연한 차이가 나를 매료 시켰다

지문인식으로 핸드폰을 제어하고
유심으로 정보를 보호하며

플레이스토어에서 마음껏 다운로드를 하며
핸드폰으로 사업을 한다.

누워서도 보고, 서서도 보고, 앉아서도 보고
올바른 자세가 필요한 시대

우리는 자유를 얻은 줄 알았다
그러나 부처님 손바닥이었다
아마도 만날 운명이었나 봐!

이영하
주 레바논특명전권대사 역임, 문예춘추 이사, 대통령표창 외, 전자책 『늘어나는 날개』 외.

새털구름의 조화

새털 같은 구름이
하늘을 수놓는다
하얀 붓끝이 그린 듯
고요와 자유가 섞여 있다

거친 바람도 그 가벼움을 꺾지 못하고
햇살조차 그 유연함을 가리지 못한다

구름은 한 몸이 되었다가
흩어지며, 다시 만나
또 다른 모양을 만든다

어쩌면 인생도 이와 같다
흩어지고 모여
새로운 의미를 빚어내는 것
비움 속에서 더 큰 조화를 배우는 것

오늘 나는
저 새털구름에게 묻는다
무거운 마음을 내려놓는 길을
어디에서 배울 수 있느냐고.

한반도 소나타

한반도는 오래된 피아노
반은 닫히고 반은 열려 있다
그 위에 흐르는 선율은
분단의 강을 건너려 떨고 있다

왼손의 음은 남쪽에서
오른손의 음은 북쪽에서
때로 불협화음이지만
하나의 악보에 적혀 있다

바람은 지휘자가 되어
화음을 맞추려 애쓰고
별빛은 조용히 악장을 이어 간다

아이들의 웃음소리가
새로운 코드가 되어 조율되지 못한
건반 하나씩 밝혀낸다

언젠가 이 땅은 하나의
무대 위에서 가장 아름다운 교향곡을
온 세상에 들려주리라.

이오동

한국문인협회·인사동시인협회 회원, 대지문학상대상·한용운문학상 수상,
시집 『먼지의 옷』 외.

계단의 철칙

허리를 펴본 적 없는
이 자세가 길이다

무수히 짓밟혀도
단단한 각을 버리지 않는다

그를 타고 오르면 허공도 만질 수 있다

모든 길이
한 번에 만들어지지 않는 것처럼
한 칸 한 칸 모서리를 이어 붙여
길이 되었다

누구에게나 등을 내어주고
잠시 앉아 왔던 길을 돌아보게 하는
층계참*

굽힌 다리를 펴고 딛는
생의 내리막길
오르기보다 더 위험하다는 것을 높이로 알려준다

* 층계의 중간에 있는 좀 넓은 곳

건축학개론

까치는 단숨에 집을 짓지 않는다
짓는 동안 바람에 무너진 바닥을 다지고
텃세를 이겨낸 다음에야
흔들리지 않는 한 채의 집이 완성된다

부러진 나뭇가지가 하나일 때는 가시가 되지만
모이면 날카로움도 순해져 포근한 둥지가 된다
허술한 곳은 제 깃털을 뽑아 몸으로 엮는다

못 하나 박지 않고
얼기설기 엮어도 허물어지지 않는 새들의 건축학

지붕이 없는 집은
하늘이 들어와도 아무도 밀어내지 않는다

다 자란 새끼들이 둥지를 떠나면
어미 까치도 미련 없이 둥지를 버린다

이유연
인사동시인협회 회원, 빌크린트대통령 대상 외, 현) 뉴아트페어 회장.

가을 향기 영혼

가을 묶어둔 그리움
투명한 빛 스며들어
들꽃 말린 바스락 울림
내 맑은 영혼

나뭇잎 짙푸른 초록색
그 잎맥 아픔 새기며
바람은 몽환의 길 열어
강물에 띄워 보냅니다

아득한 입김 불며
영혼의 거울 속
또 다른 나를 비추어

가을 향기 끝내음
맑고 고요한 영혼의 빛
말 못할 슬픔 묶어
하얀 나비 뒤엉켜 날아간다

숨은 허공에 새 한 마리

숨은 허공에 조각처럼 깎아내린
절벽 한 틈새 막막한 소리 울부짖는다

흰머리 새 한 마리 처절하게
스산한 마음으로 짹짹짹 읊으며
검은 고목 높은 곳 지키네

대청봉 새벽빛 구름 손짓하면
햇살 깨어나
물 한 방울 또르르 똑
떨어지며 응답하는 산

문풍지 깃털로 설움 헤치고
바위 틈 새로 뿌리 굳건히 내리는

붉은 소나무 우뚝 솟아
길을 내어 달과 별을 품는

솔잎 향기 바람에 얼어
나뭇잎 파르르 떨어진다

이인애
한국신문예문학회 사무총장, 제11회 월파문학상 수상, 공저 『마음의 평안을 주는 시』 외.

연탄재 추억을 소환하다

학창 시절 자취방에
엄마가 들여주신 연탄 200장
"겨울 석 달 따시게 잘 견뎌라" 하시던

바람마개 조절하며 아껴 때야
보통 하루 두 장 아니면 석장

한주 동안 주번이 된 날엔
겨울 첫새벽 학교엔 가야하고
탄불도 갈아야 하고 바쁘다 바빠

밤사이 덜덜 떨다 터놓은 불문 탓
세게 들러붙은 윗불과 아랫불
끙끙 대다 결국엔 칼로 잘랐다

검정교복에 눈처럼 하얗게 뒤집어쓴
연탄재 털어내며 연탄도 울고 나도 울던

울 엄마 살아계실 제 말 좀 잘 들을 걸

오작교 상봉에 붙여

하늘의 금족령 풀리던 날
재회의 기쁨과 감격의 눈물
폭포수 되어 흘리는 견우와 직녀

까치와 까마귀가 등을 대어주니
은하수 강가에 놓인 임시 가교
하늘의 법에도 이처럼 인정이 있어
일 년에 단 한차례 만남을 허락하네

밤새워 내리치는 천둥 번개는
운우지정 회포인가 참 요란하구나
이튿날엔 헤어지기 아쉬운 울음이
소나기 되어 주룩주룩 쏟아지네

고장 난 시계도 하루에 두 번은 맞건만
남과 북 이산가족은 만날 길이 없으니
이산의 아픔 싣고 멈춰선 통일열차
분단의 허리통증은 그 누가 이어줄까
사상의 벽은 태산같이 높기만 하다

이정식

대구 출생, 《영남문학》 시부문 등단, 한국문인협회 경산지부 회장, 시집 『정식 두 그릇』 외.

춘풍

짹 째 째
짹 째 재 재 짹 참새 한 마리

늙은 감나무 잎사귀 뒤에서 지저귀다
잠시 쉬었다 또 지저귄다

첫사랑 결실
알 몇 개 품다가

바람과 함께 달아난 남편
수소문하는 애달픈 청춘가

방아깨비

흔하였지만 뒷다리 잡고
방아 찧기 한번 시켜 보기에는

너무 멀리 날았고
숨바꼭질 실력도 남달랐다

그래도 어리석은 척하는 구석 있어
몸 작은 소방 때때 업고

자신 닮은 바랭이 잎 아래 자식농사로
내 유년의 아쉬움을 이어준다

이제우

1965, 서라벌예술대학 문학상, 2014 월간 〈유심〉 특별상, 2025 중앙대문인회 문학상

귀뚜라미

이음매도 곱게
어둠을 올올이 땋아내어
온 밤을 완창하는
귀뚜라미는 가을밤의 가객이다.

별빛도 허둥대는 산방에
잠조차 따돌리고
잡념만 잦고 있는 밤마다
베갯잇이 헤지도록 들어보는 필청곡

꽃이 진 자리에 주저앉힌 열매부터
온음표로 맺히는 이슬까지
울음 끝을 이어가기 조심스러워
제 울음에 숨어들어 목을 놓는다.

민들레

밟히며 아파하며
그 상처를 지켜내며
먼 생의 거리를
이 강산에 당겨 앉아
사려 쥔
부푼 속내로
동그랗게 말문 연다.

백색 관모 씨방머리
한 목청 뽑아놓고
핏기가 가시도록
모지름을 한껏 써서
반음씩
비산해 올라
꽃구름을 피운다.

이주식
2013년 문예사조 등단, 제천시청문학 회원, 아태문협 회원, 시집 『달빛물결』 외.

숨바꼭질

설레는 꿈에 부풀어
해몽을 이끌고
몸을 부추긴다

밥을 먹으면서 소설을 쓰고
길을 가면서 구름을 걷고
말을 하면서 몰두하고
일을 하면서 일을 찾고
쉬면서 뜀박질을 한다

과거로 뒷걸음질 치고
미래로 줄달음친다
순간순간 그림을 그렸다 지우며
구름을 탄다
늘 꿈에 취해 있다
나와 나는
숨바꼭질하고 있다

폐지

인당수에 몸을 던진
심청의 잔해가
구천을 떠다니고 있다
온갖 풍파에 노쇠하여
바닥을 기는 용왕의 선한 눈에 띄어
수레에 실려 간다

파란 꿈으로
치열한 몸부림으로
그늘을 만들고
한 생을 살다
영혼의 뿌리를 찾아가는 길
욕망의 덩어리를 바다에 투신한다

소용돌이치는 바다
존재가 산산이 부서져
소멸하여 순수해지면
새로운 생명으로 부활한다
다음의 생은 세상을 위해
십자가를 지고 가는 성인(木)으로 살아간다

이주현
한국문협 인성교육위원 부위원장, 한국시서울문학 고문, 시집 『가고 오네』

인생도 바람이다

때로는 미풍으로 때로는 강풍으로
빈손으로 왔다가 빈손으로 가는 곳
가면 올 수 없는 길 무얼 그리 아등바등
쉬어가도 가는 길 웃으며 가자
꿈을 꾼 듯 돌아보니 아무도 없네
가지마다 붉은 잎새 노을도 곱다
인생도 바람처럼, 바람처럼

그는 뉘신가

저 앞산 봉우리
휘감아 돌고 있는 구름 한 점
그는 뉘신가

어디선가 스쳐간 얼굴인 듯
며칠 전 꿈속에서 본 듯 아련하다

목화솜처럼 피어올라
수줍은 듯 말 못하고
우물쭈물 그냥 지나려는데

세월이 따라가며
묻고 또 묻는다

이창식
한국신문예문학회 부회장, 제12회 월파문학상 본상 외, 시집 『생각꼬투리』 외

은행나무 그늘에서

처서 지난 햇살이
사금파리 같다

은행나무는
길쭉한 그늘을 풀어놓고
살랑살랑 손바람을 낸다
암 수가 길 건너 마주보며
사랑은 어떻게 하는지
대낮에 눈 맞추고
한밤에 살금살금 만나는가
눈빛에 사랑 꽃 피우고
뙤약볕 가리고 옥구슬 품는가
하늘 푸르고 햇빛 그리운 날
해 닮은 분신을 내려놓겠지
온 동네에 짙은 향수 뿌리고
암 수 저만치 따로 서서

나무야, 햇살 딛고
계절의 징검다리를 건너는 너
기우뚱한 나조차 잘도 끄는구나.

공功 없는 뜻 없다

컴퓨터
켰다 껐다 무단히 무료하여
말 하나 지었다가 말 하나
지웠다가

끝내는 백짓장으로
머릿속이 하얗다.

청량한
실개울은 수 없이 부딪쳐야
옥 같은 제소리를 굽이에
담아내어

계곡을 넘쳐나서
심금을 울리나니.

이철우

월간《소년문학》 동시조 등단, 안성문협 자문위원, 안곡문학연구회 회장, 동심문학상 외, 동시조집 「안성둘레길」 외.

날씨 (동시조)

폭우는 심술쟁이
폭염은 말썽쟁이

폭우는 많이 오고
폭염은 너무 길고

날씨는
알 수가 없는
오락가락 변덕쟁이

고향

담 너머 골목길에
들국화 숨어 피고

쪽대문 페인트는
벗겨진 채 열렸고

봉당에
늙은 누렁이
두 눈만 껌벅인다

이한재
시인·수필가, 국회·전국문화원공동개최 은상 수상. 한국발간-시집·수필집 다수, 미국발간-영어시집·영어수필집 다수.

나와 그림자

보일 때는 나를 따르지만
속은 알 수 없다.
물길 따라 걷던 어린 시절
햇살 속에 뛰놀던 추억들 그때도 그랬다.

내 곁에 머물며
작은 발자국마다 이야기를 담고
아침 햇살이 닿을 때
내 모습을 닮아 내 곁에 남는다.
낮의 빛과 어둠의 경계를 넘나들며
자연의 속삭임에 귀 기울이고
바람 불면 흔들리는 나무와
춤추는 실루엣의 발자국
땅 위에 리듬을 그린다.
어둠 속에서도 빛이 쏟아지면
대지에 이야기를 새기고
긴 여운을 남기며 사라진다.

이리저리 흔들리며 변하는 그 모습 속에서
다시 나를 발견하는 여정을 떠난다.

낮은 곳의 위로

발길 드문 성내천 둔덕에
스스로 피어난 제비꽃 한 송이

세상을 향한 그리움인가
숨겨진 위로의 마음인가
자디잔 몸을 낮게 드리우고
땅의 가장 깊은 소리를 들으며
누군가의 발치에 머물고자
가장 작은 빛으로 피어났으니

흙의 숨결에 조용히 깨어나
아침 이슬 머금고 햇살을 길어 올려
오랜 기다림으로 제 몸을 채운다.

화려치 않아 더 깊은 울림
시린 계절 견뎌낸 묵묵함
매연에 지친 어깨를 토닥이고
메마른 눈동자에 쉼표 하나 놓아주니

아, 낮은 곳의 위로

이한희
한국문협·국제펜·밀레니엄문학회 회원, 밀레니엄문학상 외, 시집 『내 영혼의 조각들』 외.

꽃 보다 잎새
― 꽃보다 아름다운

계절 따라 변해가는 지상엔
삶이란 여운으로 피고 지는 꽃이 있고
감당키 어려운 색상으로만 존재하는
추억과 행불행도 있다

화려함의 극치로 피었다가
감성의 촉수로 변해가는
황홀한 빛의 여운들

거기엔 언제나
극과 극의 참과 허의 진실이 있고
빛의 동산으로만
피었다 지는 아름다움이 있다

하여,
꽃 피고 새 우는 청정함보다
을씨년스런 갈잎의 독백이
그리움으로 새겨지는
또 다른 아름다운 청춘의 계절

소망의 빛

침울한 밤하늘에
아련히 떠있는 별들의 잔치
누굴 위한 것이며
무엇을 의미하는 것일까

삶의 여정 속에
시련과 고통의 순간마다
저 별을 향한 외침의 마디들 어디가고
이 밤도 가슴을 태우는구려

어둠을 뚫고 새벽이 열리듯
희미한 한줄기 빛으로
내 가슴을 비춘다면
영롱한 꿈길에 꽃길이 열릴진대

아직은
아직도 아니라고
그 빛 건네기가 그리도 어렵나요

이현경
2019년, 2023년 서울시 지하철 공모전 당선, 시집 『나무의 시계』외.

등

쓸쓸한 기운이 내려앉은 수요일

내 뒤의 발자국 표정도 모르고 걷고 있는데
가깝고도 무한의 거리에서

석양을 풍경처럼 진
남자의 뒷모습이 눈동자에 들어왔다

뒤가 적막하니 외로움이 비쳤다

어스름으로 뭉개지는 저녁
바람이 차갑게 분다

누군가에게 등을 내어주고 싶은 날

두 손바닥으로 다 쓸어주지 못한 등으로
어둠이 내려앉고 있다

문득, 가을이 왔다

영원한 것은 없듯이

쉽게 수그러들 것 같지 않던 찐득한 한여름도
추분이 지나니 빛을 잃어가고

뜨겁게 불타오르던 사랑도
서로 편해질 때쯤
입에서 찬 기운이 돌며 이별을 고한다

열정을 진하게 풀고 간 여름이여, 나의 사랑이여
이 또한 언젠가는 그리워질 때가 오겠지

반쯤 열린 창으로 얼핏 물들기 시작한 나뭇잎들이
저녁 바람에 흔들린다

훅, 한 줄기 바람을 당겨온다
은은한 가을 향이 좋다

이혜숙
제주대학교 의과대학 학술연구교수, 에스프리문학상 수상, 저서 『그 이름 어머니』 외

나는 행복한 사람

꽃, 새싹, 나무
풀밭의 싱그러움은
눈으로 보아야 알 수 있고

햇살, 바람, 뭉게구름
그 따뜻함은
느낌으로 알 수 있습니다

마음 열면
새소리와 바람 소리를
들을 수 있고
꽃향기를 맡을 수 있습니다

이런 나는
행복합니다

이 행복
들판이 되어 주고
언덕이 되어 주는
당신이 있어 가능합니다.

성장의 조건

따뜻한
봄 햇살은
꽃을 피워내
봄을 봄답게 만들고

따스한
너의 말 한마디는
자신감을 불러내
나를 나답게 만들고.

이효

한국문인협회 회원, 인사동시인협회부회장, 24회 황진이문학상 본상 외, 시집 『당신의 숨 한 번』 외.

가을, 곶감을 말리다

손가락으로 시간을 눌러본다
속과 겉이 똑같을까

한여름 뒤축이 닳은 태양
물컹한 너를 맛본다

주황의 달짝지근한 맛은
과거의 시간을 넘나든 속살

나의 들끓는 고뇌는
부드러워진 오후 3시

입술은 붉은 열매를 애무하며
혀로 시간을 탐한다

나는 툭, 상념 하나
세상에 뱉어버린다

드디어 가을이 경이로워지는
순간…

사과를 인쇄하다

주왕산 병풍 아래
사과밭이 엄마 품만하다

대전사 종소리 붉다

가을 찬바람에
어쩌자고 사과는 뒹구는지

노모의 사과, 가득 싣고 서울로 올라온다

접시에 올려놓은 사과 눈 맞춘다

자를까 말까
상처받은 내 모습 같아

깨물지도 자르지도 못하고
가슴에 안고 인쇄를 한다

가을은 퍼렇다

임애월
1998년 《한국시학》으로 등단, 시집 『나비의 시간』 외, 전영택문학상, 한국시학상 등 수상, 경기PEN 회장.

그런 날

문득
나무들의 체온이 그리워지는 날 있다
지은 죄도 없이 깊은 골에 유배되어
선 채로 형벌을 사는 나무들의 창백한 이마가
늦은 봄날 오후 햇살에 견고하게 빛날 때
한 번쯤 그 푸른 동맥에 손을 얹어
우주의 핏줄 관통하는 심박수
그 뜨거운 순환을
느끼고 싶은 날 있다
아득한 천공에 매달려
한발도 내딛지 못하는 붙박이별처럼
벼랑 끝에 온전하게 발목 잡혀버린 날
그의 처절한 자유의지가
하늘로 밀어올린 무수한 잎사귀들
미세한 잎맥을 타고 흐르는
어둠 속 뿌리의 절규
간절하게 듣고 싶은
그런 날 있다

광합성을 위하여

호흡 푸른 그늘 아래
물관부 깊게 열어
잎새마다 빛살을 끌어 쟁인다
어디에나 초록이 질펀한 5월
오래된 원시림 가지 끝에
새롭게 귀를 여는 기억의 세포들
놓쳐버린 시간의 궤도 위에
시퍼런 직립의 문장으로 부활한다
부리 긴 여름새가 물어 온 초록빛
그 살아있는 생명의 원형질
거친 야생의 몸짓으로
5월에 더욱 생생하게 덧나는
그리움을 덧칠한다

임하초
서울시인협회 시인문학회 회장, 월간'시' 제정 '올해의 시인상 2018', 시집
『나는 시소를 타고 있다』 외.

삶이란

차례차례 꽃이 피어 놀라고
차례 차례 꽃잎 떨어져 꽃길 걷고

곧 다시 차례차례
꽃이 피어날 것을 다시 기대하고

봐 봐 기댄 우리 사이
틈새가 따습잖아

이 겨울도 잠시인 거 알지?
꽃길도 잠시였듯이

서리꽃

하현달 말갛다
아주 차갑게
삭정이 된 고춧대에 달빛 기대고
사이사이 날카로운 서리꽃 피어
새벽 아이가 머뭇머뭇 놀랐지

해가 말갛다
그리고 수줍다
대문 틈 사이로 살며시 들어와
서리꽃 꺾어서 부리나케 숨기는데
아이는 한번도 받아보질 못했다

장건섭
시인·작사가, 미래일보 편집국장, 시집 『폭식』 외.

9월의 달

푸른 하늘 위 반쪽의 얼굴
다 채우지 않아도 충분히 빛난다

오늘 초저녁, 하늘 한쪽에 걸린 상현달을 오래 바라보았다 반쯤 찬 달빛은 아직 남은 빈자리를 품고 있으면서도 이미 충분히 밝았다

채워짐과 비워짐이 공존하는 그 얼굴을 보며 9월의 문턱을 밟고 서 있는 내 마음도 그와 다르지 않음을 느낀다

가을은 농부의 계절이다 땅에 뿌린 씨앗이 열매로 돌아오는 시간, 흙냄새와 땀방울이 결실로 번져가는 시간

상현달은 마치 풍요의 약속처럼 하늘에 떠 있었다 아직 온전한 보름달은 아니지만 그 반쪽의 빛만으로도 곡식이 무르익어 가는 들판을 비추기에는 모자람이 없을 듯하다.

농부의 기원 또한 그러하다 다 채우지 않아도 그 부족함마저 풍요의 일부가 되기를 바라는 것 그러나 풍요의 계절은 동시에 사색의 계절이기도 하다.

저문 해의 붉은 빛이 길게 늘어질 때, 들판을 스쳐가는 바람은 수확의 환희 속에 스며드는 쓸쓸함을 함께 데려온다

가득 채운 이삭들 사이로 이미 스러져간 여름이 보이고 긴 여정 끝에 황혼을 맞이한 시간의 그림자가 길게 드리운다

달은 늘 그 자리에 있지만 매번 다른 얼굴을 보여준다 오늘의 상현달은 풍요를 기다리는 농부의 마음 같았다.

아직 다 이루지 않았지만 곧 채워질 것을 믿고 부족함마저 따뜻하게 끌어안는 마음, 그리고 동시에 지나온 계절을 그리워하고 다가올 가을의 고요 속으로 걸어 들어가는 이의 사색이 겹쳐져 있었다

달빛은 그렇게, 풍요와 그리움, 환희와 쓸쓸함을 한 하늘에 함께 걸어두었다. 나 또한 그 빛을 따라 9월을 시작한다 채워질 날들을 기원하며 동시에 흘러가는 시간의 서늘한 아름다움을 마음 깊이 새기며.

장지연
시인·수필가, 한국문협 회원, 한국신문예문학회 부회장, 한국인터넷문학상 외, 시집 『풀꽃 소리 듣다』

머릿속의 언어

산마루 넘다 고사목 가지에 걸려 찢긴 구름 사이로
스멀스멀 기어들어 간 벌레가 엘러지allergy를 일으킬 때
멀뚱하게 바라보는 게으른 눈동자에 맺힌 이슬
출구를 찾지 못하고 멍울졌다

고개만 넘어서면 굴러서라도 떨어질 텐데
언제 열두 고개 넘어 합수머리에 도달하려나
심산유곡深山幽谷에 물안개
넘어야 할 고개만 망연히 바라보며 흐리다

허공에도 그릴 수 없는 그리운 이의 부재
비상구는 어디인가
어둠의 입안에 갇혀서도 또렷해지는 추상의 것들
마음인지 기억인지 사람인지 우주인지
알 수 없는 혼돈의 글자들

그만 톡 터져 세상에 희망으로 읽히거라

숫자의 굴레

하나는 둘보다 작고
둘은 셋보다 작다

스물은 잊어버린 게 스무 개
서른은 잃어버린 게 서른 개
마흔은 놓친 게 마흔 개
쉰은 못한 게 쉰 개
예순은 후회되는 게 육십 개
일흔은 그리운 게 칠십 개
여든은 정리할 게 팔십 개
아흔은 걱정거리가 구십 개
백은 그냥 백지 영 개
숫자 영은 소중한 모든 걸 담는다
영혼마저

내 나이 오십
채우지 못한 낭만 오십 개
혹은 잃어버린 순수 오십 개

장태윤
한국문인협회 회원, 전북예술상 외, 저서 『난꽃, 바람꽃, 하늘꽃』 외 14권.』

비둘기

푸르름 짙어지는
산자락
산비둘기가 우네요

어머님 출상하던 날
목이 쇠도록
그렇게나 울어댔는데

올해도
산소 곁에 찾아와
서럽게 우네요

그대로 있으면
어디 덧나나

빌어먹을
산비둘기는 왜
저리 또 우나요

등맥

샤워 시설
갖추지 못 했던
단독 주택 시절

무더운 여름
땀 흘리고
집에 들어오면

윗도리 벗고 엎드려
등에 찬물
두어 바가지 찌클며
썩썩 문댔지

아이 차구라
아 차구라
그 시원함이야

장해익
시인·수필가, 월파문학상제정, 한국신문예문학회 명예회장, 저서 『백원짜리 인생』 외.

바람 부는 언덕에서

그때 그 여름
바람이 쉴 새 없이 불어온다

인간 세상에 쌓이는 비리들은
언제쯤 사라질까?

태양이 이글거리는 거제도 언덕
조그마한 엉겅퀴가 꽃 한송이 피워 올려
살랑살랑 고개를 흔들고 있다

수천 년을 두고
혼탁한 세상 쓸어 올리며
큰 소리 치던 수많은 지도자들
지금 다 어디를 갔나

오늘도 바람들이
풍차를 돌리고 있는데
가는 세월 되돌아올 줄 모른다

그리운 목소리

전화벨을 기다린 지 꼭 10년
눈보라 휩쓰는 겨울밤
어머니는 나를 찾으셨다

그 너른 구만리장천에서
네 아버지 어떻게 만나지?
병상에서 며칠 궁리하다가
해답을 찾지 못해 날 부른 것이다

그리고, 아버지가 맡겨놓으신
정표를 내미신다
"허리띠와 주머니"

염을 할 때 내 허리에 매어다오
그리고는 눈을 감으셨다

아버지를 찾으셨는지 소식이 없다
10주년 향촉을 피워
고애자는 눈물 흘리며
어머님의 목소리를 기다린다

전민
국제계관시인연합한국본부 이사장, 국제pen한국본부 이사, 대전시문화상 외, 시집 『소원의 종』 외.

가려준다

상처 난 몸은 옷으로
화장으로는 얼굴의 잡티를

실수는 너그러운 아량으로
모든 허물은 사랑으로 가려준다,

저녁 기도

공적인 일에서는
내가 우선이 아니고
사적인 일에서는
이득이 우선이 아니다

가진 사람은
없는 사람을 거지처럼
없는 사람은
가진 사람을 도둑으로 몰지 말자

대가 없는 선심이 오거든
뱀을 본 듯 피하고
의로운 행실을 대하거든
꽃향기 맞듯 들이마시자

전산우
시인·작사가, 시산문학 회장 역임, 시집 『사랑을 하면 가을도 봄 』 외, 트로트 작사집 『다만 한 사람』외.

하늘도 우나 봐요

하늘도 슬프면 우나 봐요
주룩주룩 비가 내려요
갑자기 참았던 눈물이
눈물이 터졌나 봐요

꽃이 피고 지는 이 세상에
만남과 이별이 있는 것처럼
별이 뜨고 지는 그곳에도
웃고 울며 사나 봐요

하늘도 눈물을 참지 못하네
주룩주룩 비가 내려요
갑자기 참았던 눈물을
어쩌지 못하나 봐요

꽃이 피고 지는 이 세상에
사랑이 오고 가는 것처럼
만나고 떠나고 그러면서
웃고 울며 사나 봐요
웃고 울며 사나 봐요

진정한 선물

선물 중의 선물은
사랑하는 사람의 손으로 건넨
그 사람의 향기가 나는 꽃이죠

하지만 선물을 받으면서도
사람들은 잘 몰라요
꽃을 들고 온 사람이 진짜 선물인걸

선물 중의 선물은
사랑하는 사람의 마음이 담긴
그 사람의 미소가 묻은 꽃이죠

그런데 선물을 받으면서
내 눈에는 꽃만 보였죠
두 손으로 꽃을 안고 온
당신이 바로 선물인 것을

당신을 놓친 후에야
진정한 선물이 무언지 알았어요
바보처럼 그제야 알았어요

당신이야말로 내겐
꽃 중의 꽃이었고
선물 중의 선물이었는데

전시우
대령 전역, 중앙대 문예창작전문가 과정수료, 2023년 《문학나무》 등단, 시집 『와수리』

도시락밥을 뜨끈뜨끈 알불에 데워

하얀 눈 덮인 강원도 산속 툰드라 같은 겨울
소달구지도 타고 나무하다 도시락 먹던
중학교 겨울방학 생각이 불현듯이 난다

해뜨기 전, 산으로 가는 길 뽀드득 달랑 딸랑
새들도 함께 가는 길 기쁜지 찌르르 찌르르

아버지는 톱으로 쓱싹쓱싹, 우지직 뚜두두둑
나는 잘린 나무를 달구지에 차곡차곡 싣는다

허기진 배에 썬 김치와 참기름 송골송골 뿌린
도시락밥을 뜨끈뜨끈 알불에 데워 냠냠 짭짭
새에게도 주며 먹던 산속 식사 잊을 수 없다

해지기 전, 집으로 가는 길 뽀드득 달랑 딸랑
새들과 함께 가는 길 신났다 휘리릭 휘리릭

안개꽃

낙하산 타고 백마산에 내린 전우들
부대로 돌아가는데
오줌보가 부풀자 안절부절 못한다

영하 9도 트럭은 천막을 벗고 맨몸으로
오들오들 떨며 올림픽 대로에 들어서자
퇴근 차들과 얽혀 기어가는 듯한다

부대는 아직 먼데 참을 수 없어
너나없이 폴짝폴짝 뛰어내려
대로변에 노상 방뇨한다

눈에서 뭉실뭉실 꽃이 피어나자
사람들은 걸음을 멈추고 사진을 찍으며
샛노란 안개꽃을 감상한다

어떤 해프닝은 꽃이 되기도 한다

전영모
국제펜한국본부·한국문협·현대시협 회원, 신문예문학회 자문위원, 현대시
작품상 외, 시집 『시간의 기억』 외.

개들의 반란

쓸모없던 모래강변을 메꿔
개의 궁전을 짓더니
개를 사육하기 어려워졌다

옛적에는 개 사육이 편했다
먹이를 얻기 위해 주인에게 복종했고
집도 잘 지켰으며 주인이 위험에 처했을 때
목숨 걸고 지켰었다

이제는
주인을 겁박하고 먹이가 부실하다며
사육비를 상한가도 없이 올리고
주인의 말도 듣지 않고 상전노릇
주인과 개가 뒤바뀐 세상
중공이나 북한을 주인으로 섬기려하고 있다

마릿수를 줄여 사육비를 절감하고
말 잘 듣도록 훈련시켜야할 때가 된 것 같다

저 울음소리는

처서 지난 늦여름
낮에는 30도를 넘나드는 땡볕무더위
밤에는 27도를 벗어나지 못하는 열대야

칠년이란 길고긴 세월을 땅속에서 살다가
지상에 나와 겨우 칠일 남짓 살면서
마음껏 목청 높여 사랑노래를 부르지 못하고
더위에 지쳐 가냘프고 서글프게 간간히 들리더니
밤이 되자 가는 세월이 안타까움인지
밤새 쉼 없이 애처로운 사랑노래 부르는구나

창문으로 들려오는 저 울음소리
내가 태어날 때 세상에 고하던 울음인가
다 자라 어머니 품을 떠날 때 속울음 하시던
어머니의 울음인가
어머니가 명을 다하시고 떠나실 때 울었던
나의 울음인가
하루의 피곤함을 달래려 곤한 잠을 청해본다

전홍구
시인·수필가, 한국문협·국제PEN한국본부 회원, 시집 『나의 펜은 마른 적이 없었다』 외.

다시 별을 읽다

짙은 밤은 시의 껍질을 벗기며
윤동주의 그림자를 따라 걷는다
말 없는 별들이 창백한 얼굴로
한 줄의 숨결로 내게 속삭인다

잊혔던 문장의 옆구리를 짚고
나는 낡은 종이 속 시간을 펼친다
어디선가 목소리가 흐르듯 젖어
빛보다 먼저 시가 반짝인다

그는 밤새 별을 세지 않았다
별로 떨어진 뼛가루를 셌다
고요한 피와 투명한 저항
그 침묵 속에서 언어는 피어났다

리 마스터 된 목소리도 좋지만
나는 원고지 구석에 번진 눈물을 읽는다
별빛 스며드는 방에라도 살아있다는 건
지워지지 않을 문장 하나 더 쓸 수 있었던 일.

국립묘지에 핀 코스모스

조국은 명칭만으로 된 것이 아니었습니다
그대의 흙 묻은 신발이 계단을 올라올 때
비로소 깃발이 펄럭이기 시작했습니다

비 쏟아지듯 한 총알은 멈추었지만
꽃이 된 당신은 바람의 방향으로만 웃고
기억은 때때로 사는 자의 무덤이었습니다

해마다 6월의 꽃은 말이 없습니다
무릎 꿇은 구두들이 서로를 쳐다보며
구멍 난 시간 속에 경례를 주고받을 뿐

산 자와 죽은 자의 차이는
한쪽은 잠자고 다른 쪽은 깨어 있어
이 나라는 아직도 당신을 기리고 있습니다.

전희종
이리여고교장 및 원광대 겸임교수 역임, 신문예문학회 부회장, 시집 『성경속의 핫스토리-詩의 숨결로 끓이다』

맥문동 꽃의 보랏빛 연서

금강을 품은 서해 하구
장항 해변 솔밭에 잘 차려진
맥문동의 보라색 향연
뜨거운 햇살의 정열에 데일까 봐
소나무 그늘에 자리를 폈는가

장미의 화려함도
백합의 향기도 없지만
매미의 세월 타령에
보라색 향연을 베풀고
단체 무도회에 신이 났다

솔밭너머 하얀 백사장과
초록색 오솔길을 가득 메운 선남선녀들
서해를 관조하는 스카이 워크
곳곳에 피톤치드 향으로 차려진 쉼터
구불구불 오솔길

처서가 지난 가을의 문턱에서
가는 여름에 들려 보내는 보랏빛 연서戀書

이것 또한 지나가리라

이런 더위는 생전 처음이야
무쇠조차 녹아버릴 것 같네
덥다 더워 더워 더워 타령
참으로 무더운 여름
그러나 이것 또한 지나갔지

구름이 몰려와 하늘을 덮어도
결국, 바람에 흩어지듯
그렇게 모든 것은 지나가는 것

사랑도 미움도 슬픔도 기쁨도
행복도 불행도 영광도 상처도
짧은 한 순간
세월 열차를 타고 잘도 달려간다

그대여 지금 힘에 겨운가
그대여 지금 행복한가
'이것 또한 지나가리 This too shall pass'니
일희일비一喜一悲일랑 세월에 맡겨두고
내일을 향해 전진할 일이다

정교현

한국문협·현대시협 회원, 신문예문학회 지도위원, 재정경제문학회 총무이사.

숲속 여름산행

30도가 오르내리는 한 여름 산행은
생각하기보다 멋진 산행길이다

따가운 열과 태양빛은 흑과 나뭇잎이 막아주고
가랑비라도 내릴 양이면 피톤치드가 활기 차
온몸을 어루만지는 에어샤워 되어 더욱 좋다

비지땀을 흘리며 걷다가도 황톳길을 만나
맨발걷기라도 하게 되면 기혈이 충만하고
기氣가 온몸을 순환하게 되어 평온해진다

자연과 함께 스킨쉽으로 우리 모두 하나가 되자
자연은 고장 난 신체를 치유하는 의사와 같다
자연을 사랑하고 감사하며 열린 마음을 가지면
자연 속에서 어싱받아 치유효과는 한층 높아진다
세속의 욕심을 버리고 내려놓으면 더욱 그렇다

배알이하는 바다

처얼석 철석 쿠르르~ 바다는 용트림을 해댄다
바다의 뱃속에는 오만가지 잡동사니로 가득 차
소화불량에 걸려 구토증상이 심각한 지경이다

바다를 즐기는 인간들이 내다버린 폐기물로
바다는 몸살나 목청 돋우어 토함질 해댄다.
프라스틱, 비닐, 병, 깡통, 신발짝 등등

바다가 생활의 원천인 물고기들은
이런 폐기물을 먹고 몸살이 날 지경이다
이들과 함께 서식하는 해조류도 예전 바다가 그립단다

어느 날, 문인들이 산책하며 해변을 거닐 때 동행한 노시인
맨발로 모래밟기를 하며 자연을 제 몸처럼 아끼듯 하는지라
헌 신발 두짝과 폐비닐, 빈깡통 등을 주어 담아내면서
무지한 인간들의 반지성 행태에 시위성 저항을 해본다

정근옥
시인·문학비평가·문학박사, 국제펜한본부감사, 현대시협지도위원, 중앙대문인회부회장, 시집 『순례길 풍경화』 외.

바라나시 연꽃, 그 푸른 바람

갠지스 강가의 연기 속으로 흩어지는 종소리,
짐을 진 길손이 머나먼 길을 외로이 걸어간다

진흙 속에 핀 연꽃, 모든 걸 내려놓고 미소 짓는데,
삶과 죽음이 나란히 앉아 올리는 기도 소리

구도의 길 터벅터벅 걸으며 바라보는 저녁 하늘,
갈댓잎 우는 강변에 번뇌의 껍질 벗고 별을 본다

소욕은 흙으로 돌아가고 구름 위 마음 하나
연잎 흔들던 바람이 다가와 나를 놓아준다

새들의 집 2

저녁 무렵 대문 열고 들판에 나가면
새들은, 하늘 높이 솟아오른 나뭇가지 위에
설렘 가득한 둥지를 짓고
새끼들에게 먹이 줄 꿈을 채우기 바쁘다

살을 에는 북풍이 몰아치는 겨울밤,
새들은 자식에게 평등을 신념으로 먹이를 주며
목숨 다할 때까지 서로를 존중하며 산다
별은 별이 되어, 자유롭게 궤도를 돌며
하늘의 존재를 준엄하게 받들고 반짝거리며 산다
새들도 별을 따라 사랑의 천륜으로 자식을 품고 산다

하늘의 별빛을 바라보며 사는 새들은
푸른 하늘과 자유로운 들판에 나무만 있으면
단칸방 집 하나 짓고 늘 노래하며 산다
권력으로 남 누를 줄도 모르고, 남의 것 탐내지 않고
나뭇가지 엮어 만든 소박한 집이지만
가족의 체온을 모아 행복 품고 노래하며 살아간다

정덕현
한국문협시흥지부 이사, 한국현대시협 이사, 서석문학 작품상 수상 외, 시집
『자연을 훔친 도둑』 외.

말을 한마디

말이란 자기 생각을 표현하는 언어이다
그 사람의 한마디 말소리에 성품과 기질
음성 소리에 자신의 인품이 내재하여 있다
고로 말이란 조심해서 해야 한다

말 한마디에 천 냥 빚을 갚을 수도 있지만
독이 든 말속에는 사람의 생명을 해칠 수도 있다
성자들의 교훈에는 말을 할 때는
세 번 이상 생각 끝에 해야 한다고 했다

어느 시인의 수필 속에 님, 자와 놈, 자라는
글을 읽은 적이 있다
표현은 자유라 할 수 있다고 하지만
내가 할 수 있는 말 할 수 없는 말이 있고
내가 들을 수 있는 말이 있다

나 역시 실천하지 못한 실수를 할 때도 있지만
매사를 조심하며 살아가야 함이
사람들이 할 일이고 일상이다
요즘 거짓말을 표정도 없이 하는 사람들이 많다
님, 이 아니라 놈, 자를 들어도 틀린 말이 아니다

기회機會

기회는 시간을 잡는 것이다
시간은 얼굴을 더듬으며
소리로 자신의 생명을 유지한다

기회는 놓이면 잡을 수가
없지만
기회를 잘 활용한다면

평생의 횡재를
만날 수도 놓일 수도 있다
기회는 리바이벌revival이 없다

인생은 삼세번의 기회가 있다고 한다
하지만 욕심으로 기회를 놓일 수가 있다

시간의 약속은 기회의 어머니이고
약속의 시간은 기회의 아버지이다

기회는 위기 속에서 찾아온다
위기를 슬기롭게 극복한다면 기회는
저절로 나를 찾아온다

정영례
한국문인협회 회원, 상상탐구작가상 외, 시집 『소금꽃』 외.

솟대

마을 입구에 높이 앉아
액운 막아주는 수호신
그가 점집을 차렸나 보다

밤이면 달과 별이 궁합을 보고 가고
날 밝으면 새들이 줄을 서서 기다린다

종달새는 가수가 되겠다고
앵무새는 아나운서가 되겠다고
속마음 꺼내 놓고
그가 일러준 점괘를 물고 집으로 간다

나도 그 앞에 서서
손바닥에 소원 까맣게 적어 내민다
삼천갑자 동방삭이로 살게 해달라고
보라매의 눈으로 세상을 보게 해달라고

솟대는
점치고 액운 막느라
자신의 환생도 미루며 쌀알 고르고 있다.

소리 없는 울음

땅은 어머니다
자식을 위해서라면
죽음도 마다하지 않는
지고지순한 어머니

투정 없이 풀포기 키운다고 아프지 않겠는가
가뭄엔 거북 등 장마엔 만신창이
덩이지고 패이고, 짓밟힌 자국도 서러운데

굴삭기 포크레인 알몸으로 막아서다
바퀴에 깔리고 뜯긴 살점 아물지 않고
천근 만 근 아파트 짊어지고 엎드려 있다

산을 허물고
물길을 막고
높은 집이 무너지고
낮은 지대 집들이 또 떠내려간다

죽은 듯 조용한 어미의 가슴에 엎드려
그가 전 하는 말
귀 기울여 듣는 일 서둘러야 하리.

정용규
서울대 농경제학과 졸업, 건국대학교 겸임교수, 한국시협 회원, 시집 『촛불』 외.

설날 서설瑞雪 내린다

푸른 뱀해 설날
서설瑞雪이 내린다
온 누리 포근히 감싸면서
사뿐사뿐 조용조용 내린다

산과들, 도로, 광장 위며
우리들 집 지붕, 국회의사당 돔,
의왕서울교도소 지붕위에도
소리 없이 조용히 내린다

빨강, 파랑, 검정 온갖 색들
지우면서 낮은 곳도 메우고
추하고 더러운 곳 다 덮으면서
황홀한 선경仙境 이룬다

오~ 서설이시여! 아니 천사이시여!
갈기갈기 찢어진 채 분노에 차서
싸움질에만 익숙한 이 나라 백성들
마음 밭에도 포근히 내려 함께
하나 되어 희망찬 새나라 새 주인들로
거듭 태어나게 하여 주시옵소서

윤동주 시인님
- 님이시여 이제 편안히 열반에 드소서

님 가신지 반년 뒤 조국은
빛을 되찾았습니다

비록 님의 무덤은 아직도 중국땅이요
한 반도마저 38선을 경계로 두 동강난 채
방치되고 있어서, 그 고귀한 성품에 충절까지 더해
혹시라도 아직 구천을 맴돌고 계시지나 않나요?

광복80년을 맞는 현 시점
조국은 일대 서광을 맞고 있답니다

많은 미래학자들이 우리나라가
21세기 중 고토 회복은 물론
세손가락 내로 손꼽히는 세계문화
강대 지도국으로 부상 된다네요

실제 여러 가지로 그런 좋은
징조들이 속출하고 있답니다

문화.문학의 첫글자인 문✕자만 해도
우리한글이 세계에서 가장 훌륭한 문자로
판정을 받았고, 최근 UN에서도
우리 한글이 공용문자로 선정되었답니다
뿐만 아니라 작금 한류(K-시리즈)를 타고
우리나라 문물이 전 세계로 뻗어나가
봉화되어 확산 일로에 있답니다

그러니 님이시여!
조국에 대한 심려는 후배들에게로 미루고
이제 편안히 편안히 열반에 드소서!

정정남
현대시협 회원, 신문예문학상 본상 외, 한국신문예문학회 이사, 시집 『백미러 속의 무지개』 외.

성수대교 4

녹슨 닻 하나 교각에 박혀있다.

한여름 밤바람 살랑거리는 압구정 모래사장
또래 또래 앉아서 날 새는 줄 모르고
고향을 키워가는 얘기꽃들이
새벽녘 참게 발자국으로 이어지고

낮이면 모래사장에 무수히
물새 귀여운 발자국으로 찍혀나가며
풀섶에 새끼 물새 솜털 자라듯
뿌리에 또 뿌리가 내리던 고향은
어디를 휘돌아 다녀도
중심을 잡아주던 내 닻이었다

어느 날 힘센 페이로더 달려들어
샛강을 송두리째 교각으로 밀어 넣을 때
나의 닻줄은 끊어지고
어느 한 곳에 마음 내릴 수 없어
나는 한없이 떠내려간다
물위에 기름처럼 떠돌아간다.

성수대교 5

내 고향 사람들처럼
내 고향에 살던 나무들이
다시는
발 붙이지 못하는 시멘트 강둑
강물은 지느러미 잘린 늙은 고래처럼 누워 있다.

압구정 샛강일 적엔
구리빛 팔뚝을 휘저으며 뗏목들 흘러내리고
강가에 오이 꼬챙이랑 장작이랑 다 부려놓고
눈부신 흰돛폭이 부풀어
맑은 물 차르르 가르며 치오르던 돛단배

강 건너 금호동 철길에
검은 연기 흰 연기 힘차게 내뿜는 기차
긴 그림자 강물에 거꾸로 잠겨서 달릴 때
우리도 따라서 달리던 저자도 모래사장
그것들은 모두 멸종되고

쓸쓸한 가을 빗방울처럼
이제 내가 흙 속으로 스며들면
추억 속에만 살아있던 고향도 멸종되려니…

정찬우
한국문인협회·국제펜한국본부·현대시인협회 자문위원, 탐미문학상 외, 시집
『꽃으로 선 당신』 외.

수렁밭의 양심

얽히고 설킨 인간사에
삶의 진리는 무엇일까

진실과 허위 사이에
가져야 할 덕목은 무엇일까

가난과 학식이 낮을 땐
양심이 앞서
서로가 서로를 의지했지만

잘 살고 부유한 세상엔
양심도 죄의식도
책임도 약속과 의무도 내로남불인 삶들

상식과 지식의 높은 자일수록
더 깊어지는 수렁밭의 양심들
누굴 믿고 누굴 의지하며 살아야할지

청춘 青春

청춘은 젊음과 기백(열정)이 아니라
풍부한 상상력과 왕성한 감수성과 의지력
인생의 깊은 사고력과 철학으로
행동하는 양심의
신선한 마음가짐을 뜻함이며

두려움엔 용기를
안이함 앞엔 모험심을
그 탁월한 정신력을 뜻하는 것이다

늙음이란 세월이 아니라
근심과 두려움 자신감의 상실 속에
열정과 이상理想을 잃어버림을 의미한다

하여,
야심찬 도전과 불굴의 용기
무한한 노력으로 이룬
희망과 기쁨의 환희가
불꽃으로 활활 타오를 때
진정 청춘이라 말하리라

정창희
1968년 농민신문 신춘문예 수필등단, 2006년 모던포엠 시 등단, 모던포엠 문학상. 수필집 『메밀꽃』 외.

꿈속에서 여행을 하다

올여름은 근사한 곳에
여행을 하려고 철석같이 했다

남들은 칠순팔순이다
멋 부리고 뽐내며 가는데
당일치기 강가에 가는 것도 못하고
덥다고 여름 내 벼르다
여름이 그냥 갔다

스물 서른에는 세상 무서운 줄 모르고
천둥벌거숭이처럼 뛰어 다녔다
불혹의 나이에는 영원불멸의
청춘인줄 만 알고 마냥 즐거워했다

지천명에 이르니
뒷산에 올라가 야~호!
한 번 큰 소리쳐 불러 보지도 못했다

허구한 날 궁상만 떨다
황혼에 꿈만 쫓아다니기 바빴다.

상현달

창문에 달그림자가
우뚝 서있다

언뜻 보면 선녀 같기도 하고
신들린 댓잎이
춤을 추는 무당 같기도 하다
누가 창문에 서서
방을 엿보는 것 같은데
은거인 인지 그런 사람이 서있다

삼복염천에 가슴적삼을
열어젖힌 백일홍나무
선홍 꽃이 낭자한 밤이다

휘어이~ 휘어이~
만월에 걸린 상현달은
고독한 그림자였다.

정해란
한국문인협회 및 국제PEN클럽 정회원, 탐미문학상 본상 외, 제4시집 『커피 한 잔의 고요가 깨어나면』 외.

바람의 시 3

바깥에서 부는 바람 아닌
내 안에서 불어오는 바람

예리한 각도로 깊숙한 나를
밑바닥까지 헤집어 바라보는 날

닿는 곳마다 비로소 열리는 길
부는 곳마다 비로소 피어나는 글

엎드려 잠복하던 바람이
감정 낱낱이 해부하며
오늘의 나를 쓰고 있다

출구엔 한 뼘 가벼워진 햇살만
길어 희미해진 그림자 내리며
낮달처럼 엷게 웃고 있다

단풍과 낙엽 사이 1

아직 매달려
제 빛깔 지키는 잎도
중력 따라 남김없이
무게를 벗는 잎도
모두가 눈물겨운 사랑 아닐까

단풍과 낙엽 사이 2
울음소리의 공명으로
단풍이 낙엽 될까 봐
새들의 울음도 잠시 쉬는
고요한 가을의 내리막길
머물러 매달린 눈물 어린 단풍에
함께 숨죽여봅니다

단풍과 낙엽 사이 3
계절마다 삼켜온 눈물의 무게
가장 높게 빛나던 이름
긴 적요 속으로 놔 버리니
생과 사의 경계를 지나는
소리 없는 낙하

조순배
한국문인협회 회원, 구로문인협회 회원, 창작수필 회원, 그랑프리문학상 수상 외, 저서 『만두 세 개』 외.

8월의 연가

뜨거운 8월의 태양이 내리쬐는구나

그대여!
어서 밖으로 나와서 해바라기 앞에 서보게나

눈부신 8월의 태양이 찬란하구나, 그대여
고개를 꺾어가며 오직 태양만을 향해 있는
저 애처로운 해바라기를 바라보게나

8월은 곧 지나가리라
불타오르는 사랑도
9월이 오면 이별이 찾아와, 그리움만 남을 터이니

그대여,
누군가를 그렇게 깊이 사랑해본 적이 있는가?
8월이 가기 전에
후회 없는 사랑을 해보도록 하게나

설령 그것이 아픔으로 끝날지라도
혹여 그것이 추억으로만 남을지라도
그 모든 것이 결국엔 아름다운 기억이 되리니

망설이지 말게, 그대여
사랑의 계절도 결국엔 지나가는 법이니
바람처럼 달려가, 해바라기처럼 진심을 전하게나

8월이 그대를 떠나기 전에
8월이 그대를 버리기 전에

지영자
한국문협·한국현대시협 회원, 고려문학회 부회장, 한하운문학대상 외, 시집
『그리움의 도돌이표』 외.

단풍

연민의 정 갈색 빛마저
진리로 남겨둔 그대의 흔적

비우고 비워도
다시 채워지는 날 돌아오면

온 누리에 붉게 물들어
사랑의 강물은 흐른다

단풍나무 가지 사이
붉게 타오르는 열망의 잔영

아득한 고요 속에
생명의 경계 무너지는 순간

당신 없이는 못살아

아침 눈을 열면 내 옆에 낯익은 모습
약하지만 든든한 지킴이
쓰러지지 아니하는 기둥이다
부엌문 열고 유리창에 비춘
보이지 아니한 내가 보인다
하루 세 번 끼니를 위해
도마질에 익숙한 식칼은
메일 크레센도로 나의 푸념을 받아준다
이웃이 멀어지고 찾아오는 사람 없지만
"당신 없이는 못 살아." 말버릇 대신
대문의 문패가 집안의 경전이다
사람 냄새 풍기며 상처를 주지 않기 위해
변함없는 사랑 실천으로
감사하는 마음으로 산 삶이
불어오는 바람도 막았으리라
남은 시간 약봉지만 쌓여가도
오랜 세월 "당신 없이는 못 살아." 가훈처럼 생각하며
나눌수록 더 깊어지는 당신의 흔적.

차학순

시인·문학평론가, 인사동시인협회 회장, 하유상문학상 수상 외, (현) 마두아 성서학연구소 소장.

어머니의 四月

할 수만 있다면
막내아들 목숨 이어주고파
이른 새벽 어두움 가득한 시간
늘어진 몸뚱어리 들쳐 업고 달음질
기다리는 첫차는 기척도 없고, 점점 더 굳어지는 심장
식어가는 가슴, 서른 살 당신은 슬픔도 잊으셨습니다.

어느 해 四月
따듯한 봄기운이 막 퍼지는 새벽
만상은 봉긋한 꽃봉오리와 생명들로 가득했던 그 시간
허망한 눈동자에 그저 눈물만 하나 가득
그렇게 당신은 힘없이 돌아오셨습니다.

생명은 죽음과 맞닿아 있고
죽음 또한 생명과 이어져 있으니!
애써 웃으시던 당신 모습에
어찌 그리도 四月은 잔인하던지요?

꽃은 지더이다

하염없이
꽃은 떨어지더이다
세월 이길 장사 없다더니!
화무십일홍, 시간을 극복한 꽃봉우리
또한 없음이 분명하더이다

추하기
이를 데 없더이다
그 꽃잎들 떨어진 자리!
말라버린 꽃술, 아름다움이 떠나간 자리
연초록 이파리들 위로는 연한 바람이 불고
모두가 그 바람에 휩쓸릴 뿐이더이다

꽃
떨어진 상처들 위로
새살은 돋아나더이다
봉긋하게 돋아난 아기 씨방들
생명을 잉태한 커다란 주머니들
그 위로는 미풍이 불고 향긋한 생명의 향기가 펄펄
그렇게 또 한 해의 봄은 소리없이 지나가더이다.

채자경

한국문인협회 회원, 인사동시인협회 회원, 한국문학인상 수상 외, 시집 『목련꽃 사다리』

파종

반품되지 않는 하루에게
피곤하지 않느냐고 다정히 묻는다

그날그날
내가 물 주어 피운 꿈이
저절로 내려 감기는 눈꺼풀

씨앗은 곡예사
잉크 마르지 않는 펜촉 하나 끄집어낸다

입구 봉인된 캄캄한 씨앗 봉투를
마침표 찍지 못해
덜컹거리는
그날의 연서가 연다

빈잔

출렁거리지 않는 바다에 와서
머금고 있던 술 한 잔 넘기려는데
목젖이 떨린다

불빛 반사된 크리스탈 잔
잔잔하게 떠돌던 음률이
지친 얼굴에게
하루의 품삯을 건넨다
잔의 그림자는 시린 발등을 문지른다

붉은 입술에 담겨진 장미는
눈물로 염도를 맞춘 안주

취한 눈빛 바다는
바닥으로 기울어진다

천도화
한국문협 회원, 한국신문예문학회 부회장, 제5회 월탄박종화문학상 외, 저서
『뱁새는 황새를 쫓아가다』 외.

부실 공사
- 성형시대

눈 밑에 고인 시간을 비워준다는
전단지가 길거리에 밟히고 펄럭인다

늘어진 볼 살, 턱살 처짐을 팽팽하게 조여 준다는 광고
성형외과 간판들이 즐비한 도시에
소문을 듣고 지구를 돌아온다던 그 유명세는
익히 알고 있는 일
소리 없는 시간이 무게로 쌓일 뿐

깊게 파인 미간 팔자주름이 사라지고
어느 날 우뚝, 클레오파트라 콧대로 솟아올라
분탕질한 부실공사로 눈을 뜨고 잔다는 그 여자

부모님이 주신 DNA 모습으로 살아가는 것은
나를 그대로 받아들이는 일일진대
여과 없이 잘려나간 쪽에 새살이 돋는 사이
어쩌면 그녀의 욕망도 다시 돋아나겠다.

핑크 노랑

무늬만 청춘인 사람들
오늘도 좌석은 만석이다

27번 버스, 친절한 기사님
-손잡이를 잡으시고 안전하게 기대세요-
정류장마다 일일이 안내방송을 한다

노랑 자리에 앉은 파릇한 청춘들
다리 불편한 어른이 곁에 와도 일어나지 않고
연신 핸드폰만 만지작거린다

보다 못한 운전기사
-노랑 자리 비워주세요-
그래도 꿈쩍 않는 십 대들
마지못해 옆에 선 할머니가
-학생! 이 자리는 어르신들께 양보 하세요-
그러자 멋쩍은 듯 슬그머니 일어선다

배려와 배려가 서로 자리를 바꾼다
칠십 대와 십대가 잠깐 웃음으로 어우러진다.

최영희
시인·성악가, 아태문협 부회장, 제20회 황진이문학상, (현)대구가곡사랑회원.

시네마 천국
- 회상

어릴 적 우리가족은 항구도시 삼천포에 살았는데
도매상을 하시던 부모님은 영화 악극을 좋아하셔서
우린 자연히 영화를 많이 보게 되었다

작은 도시에 새 영화가 들어오면 한 일주일 전에
극장 앞에 대형포스트가 나붙고 대형마이크 소리
아이들은 떼 지어 몰려 따라다니고 난리통이다

가게일이 바빠서 부모님은 같이 극장엘 못가고
항상 따로 다녔는데, 맏딸인 나는 저녁 먹으며
극장갈 눈치가 보이면 얼른 준비해 극장골목에
숨어있다 엄마가 나타나면 슬그머니 나타나
놀래키면 표 한 장 더 끊어 따라 들어갔다

아버지는 서부활극 외국영화를
엄마는 비극을 좋아해서
손수건 하나 들고 들어가면 흠뻑 적시곤 했다
'바람과 함께 사라지다'는
아버지와 함께 본 가장 긴 영화였다

초등시절 나는 그 시대
유명한 영화 악극단들을 다 보고 지냈으니
아주 조숙한 아이로 지냈던 것 같다
영화 시네마 천국에서
그 시골소년이 뒷구멍에서 영사실에 숨어들어가
큰 눈을 반짝거리며 봤던 그 많은 영화들이
나중 어른이 되어 밑거름으로
변신한 영화감독의 불멸의 작품들

한 바닷가의 꿈 많던 소녀가
자유로운 영혼을 모래위에서 뛰어다니다
키워온 뒤 결혼으로 모든 게 뒤집어지던
한 여자의 일생!

이것도 운명으로 받아들여 순응하며
살아가는 백치사랑!
지금은 시인이 되었으니
불멸의 작품을 써야 하리.

최임순
한국문인협회 회원, 한국문예작가회 부회장, 양천문협 자문위원

광복 80년 천지의 불꽃

지리산 천왕봉의 새벽은 백두산 천지의
물결과 닿으려 끝없는 하늘에 외마디
파도 같은 빛이 일렁인다
백두대간의 굽이마다 스며있는 조상의 恨

억눌린 바람과 끊어진 노래도 산은
물을 건너지 못해 멈추었고 민초꽃은
눈물에 피어 우리 가슴을 뒤흔들며
평화통일 자유의 깃발을 펄럭인다

광복 80년 길 위에 서 있는 숨결을 품는
희망이 한 줄기 빛이 되어 비추고 있다
평화통일을 위한 맹세를 눈물로 지켜낸 이름
불씨 커지지 않는 용광로 불꽃으로 타오른다

우리가 부르는 노래는 분단을 넘어서
 자유 대한의 맹세 후손들이 걸어갈 길 위에는
분명 영광과 행복에 한강을 건너는 날 바람 따라
퍼져나갈 자유의 노래가 새롭게 울려 퍼질 것이다

울엄마

그 얼굴 못뵌지가 이세상 언제인가
마음이 송구스러 목메고 가슴저려
생전에 말못하고 이 마음 불효녀다

이경분 이름석자 생각나 목메이네
불효녀 나도 반백 어머니 아시려나
석양에 성급한 금빛 이내 마음 아실까

최중환

사)대한민국연예예술인연합회 종로지부장, 인사동시인협회 섭외부장, 한국
예총문학상 외, 시집 『빛의 울림으로 시를 품다』

그리움이 다가와

남몰래 눈물 닦으시던
그 뒷모습은 바람에 젖은 꽃잎으로
내 마음 가장자리에서 흔들린다

심장 깊이 스며든 연민의 결
당신의 숨결은
여전히 내 가슴 속에서 맴도는데

멀어진 시간의 강 너머에도
당신은 조용한 별빛이 되어
꿈결에도 생시에도
나를 지켜보고 있다

깊은 밤하늘 올려다보면
가장 반짝이는 우주의 별이 되어
그 미소 그 손길

그 사랑은 바람처럼 다가와
나에게 '빛나라' 하고 있다

들꽃길을 걷는 사랑

붉은 노을 언덕 너머 달빛이 비추면 길
바보온달과 평강공주는 들꽃 사이로 걸어가고 있다

바람은 꽃잎을 안겨주고 솔잎은 푸른 피리를 불어
나비는 별빛을 등에 지고 춤추고 숲은 고요한 노래를 부른다

온달의 눈동자엔 별이 뜨고
평강의 입가엔 봄이 피어나
둘의 발끝 닿는 자리마다 사랑이 울려퍼지네

무지개다리가 하늘에 걸리고
달빛 마차가 숲 가장자리에 머물면
요정들이 수줍게 고개를 내밀고
잎새들은 은빛 박수로 반긴다

그 밤 들꽃길은 고요히 속삭인다
여기 사랑이 다녀갔다고
여리고 끝내 사라지지 않는 한없는 꿈처럼

최춘
수필가·사진작가, 한국문협독서진흥위원, 한국수필작가회문학상 수상, 저서
『하나의 달이 천 개의 강을 비추듯,』

길

돌아보니 사막

낙타에 몸 하나
의지하지 못한 채 걸어온 길

흔적 없는 사막.

생각하기 나름이라 하겠네

나만이 걷고 만든
굽이굽이 계곡이 비단

석양에 반짝이는 비단.

금붓꽃

브라질 코르코바두 언덕의 예수상
파라과이 노아 방주 성당
아르헨티나 이구아수 폭포 악마의 목구멍
페루 와이나픽추와 마추픽추 콘도르 신전 앞에서
작별하고 대한민국 서울 집 들어서니
삼층 오르는 계단에서 벙긋벙긋 환영했다

어찌하여 꽃 피우기를 멈추었을까
풍성한 뿌리 이웃집에 나누어 주긴 했지
묻지 않고 뿌리 갈라 낯선 곳에 보낸 일
결코, 쉽게 생각하고 보낸 건 아니지만
계단 오르내리며 속죄하는 마음 닿았을까

올해는 피었다
쑥쑥 올라온 꽃대에서 벙긋벙긋 피었다
제24회 해외 한국문학 심포지엄 마치고 귀국한
2014년 5월 9일보다 하루 늦게 피었을 뿐

계단 층층 지킨 지 삼십오 년 되었다
두 아들의 종조할아버지 댁에서 받아온 금붓꽃.

최혜영
시인·와인강사·기타리스트, 전)해양경찰명예퇴직(2019년 30년근속), Wine Restau. 지향시와담, 소믈리에/Sommeliere

Dear. 꼬냑
- From. 와인

포도는 23℃ 햇살 아래서 진지하게 속삭인다
"오늘도 달콤하게 익어가겠지"
나는 그 안에서 12일간 발효의 숨을 들이쉬고
가끔 14시간 동안 낮과 밤을 번갈아 흐르며
불현듯 내 청춘을 배어나게 하지.

너는 야생의 봄을 손으로 키우듯
72℃ 불길을 지나, 두 번 증류되고
3년 이상 오크통 속에서 잠들어
비밀무기 출몰하는 깊은 밤의 향기를 만든다.

나는 기다린다, 고전처럼 묵직한 바닐라향 짙은 밤
너의 시간과 나의 시간을 주춤주춤 맞대며
우리는 무임승차 하듯 잔속에서 만난다.

부드럽게 스며드는 브르고뉴의 쌉쌀한 탄닌
한 모금에 10초, 치명적인 서로의 온도를 느끼며
포도➝ 불➝ 발효➝ 숙성
그렇게 빛나는 질주가 되고픈 꼬냑에게 와인이
'너의 시간 속에서 나는 아직도 여기 남아있어
비틀즈의 멜로디처럼'

증거불충분
- 혐의없음

산은 말이 없고 바다는 침묵중이라
누가 불태웠는가
그 숲과 얼음장들은 "범인은 없다"하니
증거는 휑한 바람뿐이라
북극곰은 굶주리고 철새는 길을 잃고
목마름에 부리를 담그는 새들의 쉼터에
미세먼지 쌓였어도 출처는 불분명해
글리세린, 저자극물티슈, 플라스틱도
자꾸만 "나는 범인 아님요"
탄소는 투명하여 손에 잡히지 않고
온난화도 증명 어려워 판결은 유보 중
피해자는 죽을똥말똥 울크러진 지구인데
피고는 없음이라
진실로 내가 위험한지
슬며시 죄의식을 놓고 온 탓일까
무슨 염치로 재판장은
총알 없는 총과 같이 침묵하는가
기록은 시뻘겋게 불타는데
천사 같은 아이들이 묻는다
"이건 누구의 잘못인가요"

하봉도
아태문인협회 회원, 인사동시인협회 회원, 시집 『하늘숲 오솔길』

화평

한마디
고운 말 아니어도
정겨운 미소 한 번이면

마음과 마음이
소리없이 부딪히는
온유와 평화로움

화평은
멀리 있는 것 아니라
그대와 그대의 가슴속에
보석처럼 담겨진
하늘의 귀한 선물

언제나
그대 안 어둠 밝히는
하얀 등불처럼

꿈

환승버스 기다리듯
우린 또한번의 연애를 꿈꾸네

청춘을 꽃 피우던 열정
아니어도
가끔은 연심 담아 주고받는
쪽지 댓글에도
슬며시 미소 짓는 우린
이미 스마트 연인

어느새 수평선 일출보다
서편 하늘 석양빛
곱게 바라보는 우린
지난 추억 안주 삼는
한 잔 와인 붉은 향기에
쓰담쓰담 사랑 식어가는 가슴
위로하리라

누군가의 사랑 늘 그리운 우린
목적지 도착 때까지
그 꿈 정녕 깨고 싶지 않으리

한임동

시인·수필가·서예가, 남양주시인협회 자문위원, 시집 『들꽃이 아름다운 이유』 외, 수필집·시서화집.

사랑의 힘

사랑을 하면
즐거운 힘이 생기고

사랑을 하면
어려움이 있어도 인내하게 되고

사랑을 하면
자기도 모르게 성숙하게 되고

사랑을 하면
어느 곳에 있어도 화목하게 되고

사랑을 하면
새로운 꿈을 만들어 준다

그대들이여 사랑하라
사랑은 행복을 만들어주는 보약이다

습관과 운명

그대 운명을 바꾸려면
습관부터 바꿔라

습관은 어릴 때부터 행동해야 하고
좋은 습관은 규칙적인 생활 속에 있다

좋은 습관을 이어가면
운명도 좋은 습관으로 변하게 된다

어려움을 한탄하지 말고
고난을 극복하는 습관을 들여라

운명은 가장 어려울 때
그대 행동을 시험하게 되어 있으니

좋은 습관으로
생활 자체를 변화하면 운명이 바뀐다.

허진숙
중앙대 예술대학원 문예창작학 수료, 한국문인협회국제PEN 회원, 농민문학
작가상, 저서 『바다로 간 어머니』 외.

마지막 흘린눈물
- 윤동주 생가에서

정자처럼 고적한 명동집
앞산 드리운 병풍 구름안고 가는데
몰래 쓰다가 지워버린 흔적
가슴 속 고이고이 묻어두고
님은 가셨습니다

툇마루에 앉아
먼 산을 바라보았습니다
님의 가슴 훔쳐보려고

빼앗긴 나라 찾아
울며 삼키며 길 떠나신 님 그리워
이곳까지 찾아왔으나
우물은 그대로 달이 뜹니다

후쿠오카 붉은 감옥은
명동 땅에서 멀고 먼 남의 나라
붉은 담장 마지막 흘린 눈물
우리 민족 눈물입니다

시계바늘

시계바늘 초침을 바라보았네
그러나 잡지는 못했네
뾰족한 바늘이 돌고 돌아
제자리 왔다 가네

시계바늘 초침 소리 들리네
그러나 잡지는 못했네
뾰족한 바늘 위에 올라앉아
울다가 웃다가

나는 해맑은 동심 언덕으로
제자리 갈 수 없어
유리 방황하다가
지구 반대편 서성이다가

호르몬 자연사 복어등 반점이
가슴에 콕콕 박히고
동그라미 시계 꽃반지 끼고
돌고 돌아 원천을 가겠네!

황선기
시인·가수·가요작사가, 태극기선양문학회 회장, 한국문인협회 회원, 대통령 표창, 세계기네스 명인등재.

사랑학 개론

이 세상에서 가장 크고 위대한 것은
사랑!
사랑이란 글자는
볼 수는 있으나 형체가 없어
너무 위대하기에 볼 수 없도록 감춰놓았다

이 세상 모든 만물은
사랑을 하고 사랑을 먹고 살아간다
부부지간 자식간 가족간
사랑은 사랑할 때 춤춘다

사랑이 없으면
나라를 이끌어가는
정치 경제 사회 발전도 없다
여와 야도 사랑의 씨앗이 꼭 필요하다

산과 들에 나가보자
천지가 사랑으로 가득하다
수많은 나무들
아름다운 꽃들 향기 날리며 속삭이고
하늘 나는 새들도 노래하며 사랑한다

이 세상 모든 만뭉의 사랑 중
가장 위대한 사랑은
만물의 영장인 인간의 사랑이다

우리 모두 짧은 인생
아름다운 사랑
영원히 사랑하며 삽시다

황옥례
명지대학 문창과 졸업, 한국신문예문학회 제8대 회장 역임, 시집 『목어의 눈』 외 수필집 다수.

치매 걸린 컴퓨터

날아갔다
또 날아갔다

몇 날을 작업한 문건이 사라졌다
컴퓨터도 치매인가?

아날로그 시대를 지나 지금은 디지털 시대
앞으로 다가올 첨단 양자역학 시대가 온다

키오스크를 다루지 못하면 일상은 정지되고
식사, 물건, 물, 구입, 여행도 할 수 없다
인간의 능력을 뛰어넘는 AI 시대
새로운 문명과 이기들이 지배하는 세상
양자역학 시대가 오면 세상은 어떻게 되나?

병원마다 고령 환자가 대부분이다
치매는 현대인들이 제일 무서워하는 병
AI보다 수천만 배 빠른 양자역학 시대가 오면
치매도 다스리는 칩이 나오지 않을까?
예방 차원에서 뇌 속에 치매 칩을 삽입하면
인류는 치매 걱정에서 해방될 것 같은데…

인재였다

화산이 폭발했나? 화면 가득 빨간 불덩이들이 춤추며 날아다닌다
도깨비 여우불? 산골짝 바람 타고 제멋대로 변화무쌍하다 의성산에서 시작한 산불 산청으로 지리산 근처까지 열흘이나 밤과 낮을 구별하지 않고 산과 산을 날아다녔다

소방대원 공무원 군인들 의용소방대원 민간인까지도 산불 진압에 총력을 다하는 모습, 30도 경사진 산길 맨몸으로 오르기도 힘겨운데 장비를 메고 지고 끌면서 진압을 하는 그들에게 박수를 보낸다
가옥, 동식물을 기르던 농장들은 산불 혀의 제물이 되었고 물을 나르던 수십 대의 헬기의 큰 역할에 감동하고 추락한 헬기와 조종사에게 두 손 모아 애도의 기도드린다
용광로 같은 불길 속에서 기적적으로 살아난 강아지 주인을 보고 반가워하지도 못하고 겁에 질린 모습 금방이라도 눈물을 흘릴 것 같은 표정 애처롭다

아! 아깝다 아까워! 작년 문학 기행 때 참배했던 천년 고찰 고운사 화마에 휩싸여 흔적 없이 사라졌다
새까맣게 재가 된 산, 까만 나무들 마치 이재민의 가슴속이 이러지 싶다
이재민의 생활 안정을 위하여 정부의 적극적인 지원이 필요하며 십시일반 국민 모금으로 난국을 헤쳐 나가야 한다.

◆ 인사동시인들 연혁 및 약사略史

2004년 8월 발기 총회 : 최광호, 엄창섭, 엄원용, 지은경, 정정순, 하옥이, 이종철
〈임원 선출〉 초대회장 : 엄원용 ‖ 총무 : 이종철

2004년 9월 17일 회칙 제정, 12월 28일 동인지 제1호, 1천 부 발간, 11명 참여, 출판기념식과 송년회 가짐.

2006년 2월 20일 제2호 2천 부 발간, 14명 참여, 발간비 1인당 70만원, 신입회원 후원금 30만원 의견 결정 유보.

2007년 3월 12일 제3호 발간, 14명 참여, 신동엽 생가 문학기행.
안면도에 시비 세움. 회장, 총무 연임.

2008년 3월 25일 서울문화재단에서 150만 원, 종로구청에서 100만 원, 인사동발전위원회에서 50만 원 지원받아 제4호 발간, 9천 부 한영시집, 16명 참여, 문인협회 회원과 시민들에게 배포하여 '인사동시인들'을 문단과 전국에 알림, 발간비 1인당 70만 원. 신입회원 30만 원 영입비 결정. 인사동 '오작교'에서 9월 29일 정기총회.
제3대 회장에 지은경 ‖ 사무국장에 하옥이 선출.

2009년 지은경 교통사고, 하옥이 국장 뇌수술, 1년간 공백기.

2010년 2월 임시총회, 회칙 개정안 통과, 본회 년 중 좌담회 갖기로 결정. 총무를 사무국장으로 호칭 변경. 2개월에 한 번씩 시창작 공부 결정.

2011년 8월 25일 제5호 발간, 14명 참여. 회장, 국장 연임.
동시영·지은경 동인의 '기호학', '시 창작' 강의함.

2012년 10월 25일 제6호 발간, 12명 참여. 이종철 출판기념식 화환(10만 원) 보냄.

2013년 11월 9일 제7호 발간, 13명 참여, 서울 국방부와 양양부대에 동인지 150부씩 전달함. 내용증명 사건이 있었음.

2013년 5월 31일 내용증명으로 이 회를 더 이상 이끌어갈 수 없다고 판단, 6월 3일 '인사동시인들' 메일로 해체 선언, 11월 9일 총회 열어 복원, 조성민 동인을 추대하여 5대 회장으로 사무국장은 하옥이로 임명. 2014년 10월 30일 제8호 발간, 14명 참여. 12월 12일 인사동 '두부나라'에서 송년회.

2015년 2월 26일 장흥 장욱진미술관 관람, '다래골'에서 좌담회 '시가 개인과 사회에 미치는 영향' 8월 25일 제9호 발간, 13명 참여. 12월에 인사동에서 시민에게 책 배포 후 송년회.

2016년 1월 무형문화재 '나전칠기' 김정열 관장 방문. 2월 27일 정기총회 엄창섭 교수님의 서평 받기로 결정. 6월 16일 제10호 발간(제9호 서평 받음), 7월 31일 광화문 가온카페에서 미팅. 회장과 국장 연임.

2017년 2월 윤동주 탄생 100주년 일본 릿교대 방문. 4월 양평문화예술원 공연 참석하여 도자기체험 및 시낭송. 6월 30일 제11호 발간(제10호 서평 받음)하였으며 18명 참여. 9월 공군사관학교 초청 시낭송회 및 공연.

2018년 8월 박계자 동인의 초청으로 당진 바닷가에서 하기수련회. 9월 7일 제12호 발간(제11호 서평 엄창섭), 25명 참여. 신입회원 환영회. 회장과 국장 연임. 회칙 개정안 통과, 문학기행, 좌담회 건, 동시영·지은경 기호학 발표.

2019년 9월 30일 제13호 발간(제12호 서평 받음) 31명 참여, 2020년 2월 정기총회에서 동인으로써의 한계를 넘어 협회로 승격할 것을 건의했으나 무산됨. 강릉전투비행단 참석, 공군사관학교에 동인지 전달.

2020년 11월 30일 제14호 발간, 22명 참여. 12월 인사동에서 시집 배포. 시민들의 시낭송이 있음. 총회에서 회장과 국장 회장 4대 연임(회장할 시인이 없었음).

2021년 5월 25일 제15호 발간, 24명 참여, 6월 20일경 국민에게 시 배포 후 정기총회에서 '인사동시인협회' 승격에 모두 찬성. 유한상 동인을 추대 수락하여 제9대 회장으로 임명.

2021년 12월 29일 송년회에서 문학상 시상식. 조성민 회장을 추대하였으나 사양함. 금년도에 평론집과 칼럼집 2권의 책을 출간한 지은경 고문이 상금 200만 원 수상. 2022년 6월 28일 유한상 회장의 회장단 소집. 부회장에 박길동, 성기환, 신위식, 안기찬, 유중관, 윤준경이 추대에 수락. 사무총장 하옥이, 사무국장에 노병순. 연임한 회장에 한해 고문으로 승격함. 엄원영, 지은경, 조성민 전 회장이 해당됨. 16호 협회지에 연혁, 회칙 넣고, 번역사화집(3만원)으로 결정함.

2022년 10월 사화집 발간, 회원 151명 참여, 11월 17일 송년회 및 문학상 시상식, 제2회 인사동시인상 유중관 시인 수상.

2023년 1월 4일 해맞이 산행(안산), 3월 1일 예산 3.1운동 발상지 탐방, 3월 31일 지역문화프로젝트공모(은평문화재단)에 응모 신청함, 5월 23일 제천문학기행 45명 참여, 류한상 회장 사임과 동시 차학순 회장 취임, 섭외부장에 최중환시인이, 사무국장에 이효 시인이 내정되었다.

2024년 행사는 신년해맞이, 미셸 들라크루아 전시회 관람, 시 낭송회 및 과기대 초청음악감상회, 세종시수목원 탐방, 국민에게 무료 시 보급운동, 연말 송년회 등의 활동을 전개했다. 제3회 인사동시인상은 안광석 시인이 수상했다.

2025년 행사는 해맞이 산행, 양화진 외국인선교사 묘역 참배, 춘장대 해변시인학교, 서울시민에세 시 보급운동, 연말송년회와 문학상시상식(11월28일 예정) 등의 활동을 전개했다. 제4회 인사동시인상은 시부문 백영호 시인, 번역부문 김인영 시인이 수상했다.

◆ 인사동시인협회 회칙

제1장 총칙
제1조(명칭) 본회는 '인사동시인협회' (이하 본회라 한다)라 칭한다.
제2조(목적) 본회는 시인협회로 회원의 발전과 상호간의 친목을 도모하고 시인의 권리를 옹호함을 목적으로 한다.
제3조(사업) 본회는 목적을 달성하기 위하여 다음과 같은 사업을 한다.
 1. 협회지 발간
 2. 시 보급운동 유지
 3. 문학강연회, 세미나, 문학기행
 4. 기타 목적달성에 필요한 사업
제4조(사무소) 본회의 사무소는 서울특별시에 둔다. 단 총회의 결의를 거쳐 필요한 곳에 지부를 둘 수 있다.

제2장 회원
제5조(회원자격) 본회의 목적에 찬성하는 시인으로 문단 데뷔 문인으로 한다.
제6조(입회) 본회에 가입하고자 하는 분은 추천인 사인이 있는 입회원서를 제출한다.
제7조(회원의 의무) 본회의 회원은 회칙을 준수하고 입회비 및 연회비를 납부해야 한다.
제8조(제명) 본회의 회원으로서 본회에 대한 의무(7조)를 2년 이행하지 않았을 때, 또는 본회의 위상을 훼손한 경우에는 회장단 회의에서 과반수의 찬성으로 제명된다.
제9조(탈퇴) 탈퇴를 원하는 회원은 본회에 서면 또는 전화로 통고해야 한다. 탈퇴의 경우에 입회금 및 회비를 반환하지 아니한다.

제3장 임원 및 회장단
제10조(임원) 본회에 다음의 임원을 둔다.
 1. 고문 : 전임 회장
 2. 회장 : 1명
 3. 부회장 : 5명
 4. 이사 : 10명
 5. 사무총장 : 1명
 6. 사무차장 : 1명
 7. 감사 : 2명
제11조(임원의 선임)
 ① 회장은 고문단에서 위촉한다.
 ② 사무총장은 회장이 선임한다.
 ③ 감사는 총회에서 선임한다.
제12조(임기)
 ① 임원의 임기는 2년으로 한다. 1회에 한하여 연임할 수 있다.
 단 고문은 연임 유지된다.
 ② 보선된 임원의 임기는 전임자의 잔여기간으로 하며, 임원은 임기가 만료된 후라도 그 후임자가 선출될 때까지 직무를 수행한다.
제13조(직무와 권한)
 ① 회장은 본회를 대표하고 회무를 총괄한다.
 ② 사무총장은 회장을 보좌, 회무처리하며 회장 유고시 수석부회장이 그 직무를 대행한다.
 ③ 감사는 본회의 회무와 회계를 감사하며, 이를 총회에 보고 한다.

제4장 회의

제14조(회의) 본회의 회의는 정기총회와 임시총회로 한다.
제15조(총회의 소집)
    ① 정기총회는 매년 1회 개최하며 회장은 회의 7일 전에 이를 통지하여야 한다.
    ② 임시총회는 회원 1/5 이상이 회의의 목적을 제시하여 청구한 때에 회장이 소집한다.
제16조(의사정족수) 총회는 전 회원의 과반수이상의 참석으로 성립한다.(위임포함)
제17조(의결방법) 총회의 의결은 출석회원 과반수의 찬성으로 하며, 가부동수일 때는 의장이 결정한다.(위임포함)
제18조(총회의 권한) 총회는 다음사항을 심의·의결한다.
    1. 회무 운영방침
    2. 예산안 및 결산안
    3. 회칙개정
    4. 임원개선
    5. 기타 주요사항

제5장 재정

제19조(재정) 본회의 재정은 다음의 수입으로 충당한다.
    1. 회비
    2. 후원금, 찬조금, 광고비
    3. 기타수입
제20조(회계년도) 1월 1일부터 12월 31일까지로 한다.

제6장 보칙

제21조(회칙개정) 본 회칙은 출석한 회원 과반수 이상의 찬성으로 개정한다.(위임포함)
제22조(준칙) 본 회칙에 규정되지 아니한 사항은 관례에 따른다.
제23조(시행일) 본 회칙은 2004년 9월 17일부터 시행한다.
    부칙
(시행일) 본 회칙은 2005년 9월 24일부터 시행한다.
    부칙
(시행일) 본 회칙은 2008년 9월 29일부터 시행한다.
    부칙
(시행일) 본 회칙은 2014년 2월 20일부터 시행한다.
    부칙
(시행일) 본 회칙은 2021년 6월 3일부터 시행한다.

◆ 인사동시인협회 역대 회장

대수	전공학과	장르	비고
제1대 엄원용	국문학과	시·수필	신학박사
제2대 엄원용	〃	소설	〃
제3대 지은경	문예창작학과	시·평론	문학박사
제4대 지은경	〃	수필·소설	〃
제5대 조성민	법학과	시·수필	법학박사
제6대 조성민	〃	시·수필	〃
제7대 조성민	〃	시·수필	〃
제8대 조성민	〃	시·수필	〃
제9대 차학순	철학	시·수필·평론	철학박사
제10대 차학순	〃	시·수필·평론	〃

◆ 인사동시인상 역대 수상자

대수	장르
제1회 지은경	시부문
제2대 유중관	시부문
제3대 안광석	시부문
제4대 백영호	시부문
제4대 김인영	번역부문

◆ 월간신문예 조직 구성과 임원 명단

발 행 인 (총회장)	지은경	**신문예 협력단체**	
고 문	이근배 엄창섭		
명 예 회 장	장해익	한국신문예문학회	박영곤 회장
주 간	배성록	아 태 문 인 협 회	이기정 회장
편 집 장	박경희	인사동시인협회	차학순 회장
사 무 총 장	이인애	대한민국애국문인회	최돈애 회장
취 재 기 자	강에리	한국신문예문예대학	지은경 학장
미 디 어 차 장	이영경	서울미래예술협회	배정규 회장
운영위원회 위원장	정용규	태극기선양문학회	황선기 회장
운 영 위 원	김명자 김태형	문인예술교류회	김영용 회장
	노유정 이기정	강산江山문인회	김은향 회장
	이석곡 전희종	도서출판책나라	지은경 대표
	(가나다순)		

2025 인사동시인협회 제19호
인사동 시인들

엮은이 / 차학순
펴낸이 / 지은경
펴낸곳 / 도서출판 책나라

초판 1쇄 발행 / 2025년 10월 31일

㈜03377 서울시 은평구 녹번로 3가길 14, 라임하우스 1층 101호
(02)389-0146~7, (02)289-0147
E-mail / sinmunye@hanmail.net
http://cafe.daum.net/sinmunye
등록번호 제110-91-10104호(2004.1.14)

ⓒ 차학순, 2025
ISBN 979-11-92271-10-1

값 25,000원